Aberta a todas as correntes do pensamento, integra autores modernos e textos fundamentais que vão da filosofia da linguagem à hermenêutica e à epistemologia.

Fichas (Zettel)

Título original:
Zettel

© Basil Blackwell, 1967, 1981

Tradução: Ana Berhan da Costa

Revisão: Artur Morão

Capa: FBA

Depósito Legal nº 26200/89

Biblioteca Nacional de Portugal – Catalogação na Publicação

WITTGENSTEIN, Ludwig, 1899-1951

Fichas (Zettel). - (Biblioteca de filosofia
contemporânea ; 11)
ISBN 978-972-44-2065-3

CDU   164

Execução gráfica da
Tipografia Lousanense, Lda.
para
EDIÇÕES 70
Fevereiro de 1989

Direitos reservados para todos os países de Língua Portuguesa
por Edições 70

EDIÇÕES 70, Lda.
Avenida Engenheiro Arantes e Oliveira, 11 – 3º C - 1900-221 Lisboa / Portugal
e-mail: geral@edicoes70.pt

www.edicoes70.pt

Esta obra está protegida pela lei. Não pode ser reproduzida,
no todo ou em parte, qualquer que seja o modo utilizado,
incluindo fotocópia e xerocópia, sem prévia autorização do Editor.
Qualquer transgressão à lei dos Direitos de Autor será passível
de procedimento judicial.

Ludwig Wittgenstein
Fichas (Zettel)

70

PREFÁCIO DOS ORGANIZADORES

Publicamos aqui uma colecção de fragmentos escritos pelo próprio Wittgenstein, que os deixou numa caixa de arquivo. Foram, na maior parte, retirados dos seus extensos originais dactilografados, de que existem ainda outras cópias. Uns quantos foram retirados de originais de que não conseguimos encontrar vestígios, sendo provável que os tivesse destruído, exceptuando os que colocou na caixa. Outros ainda eram manuscritos, aparentemente escritos com a intenção de acrescentar, sobre um determinado assunto, as observações conservadas na caixa.

A primeira data de composição de qualquer destes fragmentos foi 1929, tanto quanto podemos supor. O último fragmento datável foi escrito em Agosto de 1948. De longe, o maior número veio dos originais dactilografados, ditados entre 1945-
-1948.

Frequentemente, fragmentos sobre o mesmo tópico foram agrafados juntos, mas existia também na caixa uma grande quantidade de fragmentos dispersos. Há alguns anos, Peter Geach organizou este material, mantendo junto o que encontrou em maços e, para além disso, ajustando os fragmentos o melhor que podia, de acordo com os assuntos tratados. Mantivemos esta disposição, introduzindo algumas pequenas alterações. Queremos exprimir aqui a nossa dívida para com ele, pelo trabalho laborioso e exacto que realizou. Embora a disposição não corresponda ao tipo de disposição que Wittgenstein fez para as suas «anotações», achámos que constituía uma compilação muito instrutiva e legível.

A princípio, estávamos naturalmente bastante perplexos para conseguir explicar esta caixa. Seria o seu conteúdo uma colecção acidental e fragmentos postos de parte? Seria um receptáculo para depósitos fortuitos de fragmentos de escrita casuais? Deveriam as vastas obras, que foram parte das suas fontes, ser publicadas e o conteúdo da caixa ser deixado de lado? Uma destas obras era uma de duas reorganizações completas das *Investigações* e outro material; outra era um original dactilografado antigo, extremamente longo e repetitivo, apresentando grandes problemas editoriais. Outra — embora existam apenas alguns recortes desta fonte — já foi publicada sob o título *Philosophische Bemerkungen*.

Depois de a maior parte dos fragmentos dactilografados ter sido investigada até às suas origens, a sua comparação com as formas originais, assim como certas características físicas, mostraram claramente que Wittgenstein não guardava os fragmentos, mas os trabalhava, alterava e aperfeiçoava enquanto recortes. Tal sugere que o suplemento de pequenos textos manuscritos separados na caixa era calculado; a colecção completa tinha características diferentes dos vários maços de pequenos textos mais ou menos 'perdidos', que se encontravam também entre o seu *Nachlass* ([1]).

Chegámos assim à conclusão de que esta caixa continha anotações que Wittgenstein considerava particularmente úteis, as quais tencionava elaborar até obter a obra final, se surgisse um lugar para elas. Sabemos agora que o seu método de composição consistia em parte na reorganização destes fragmentos curtos e quase independentes que, dada a enorme quantidade que escrevia, o satisfaziam.

Nem todas as observações são deste tipo; muito acasionalmente, o recorte estava gramaticalmente incompleto, de modo que parecia ter sido conservado apenas devido à ideia ou ex-

---

([1]) Espólio (em alemão, na edição inglesa).

pressão nele contida. Fornecemos aqui as palavras omissas no original dactilografado, sempre que pudemos; uma vez tivemos de fornecer as últimas palavras. Muito raramente, aparece um pronome que exige uma referência prévia para o explicar; uma vez, fornecemos a observação precedente do original dactilografado; uma ou duas vezes introduzimos as palavras apropriadas. Os parênteses rectos são dos organizadores; por exemplo, quando Wittgenstein escreveu uma simples nota à margem, no seu texto, imprimimo-la entre parênteses rectos, precedido das palavras 'Nota à margem'. Em todos os outros casos, as palavras entre parênteses rectos foram fornecidas por nós.

G. E. M. ANSCOMBE
G. H. VON WRIGHT

NOTA DO TRADUTOR ([1])

Muitos erros foram evitados na minha tradução devido às várias sugestões útcis da parte de Dr. L. Labowsku, do Professor G. H. von Wright, do Sr. R. Rhees e Professor P. T. Geach, para com quem estou em dívida. Só eu sou responsável pelos erros que se mantiveram.

G. E. M. A.

([1]) Da edição inglesa.

1. William James: O pensamento está já completo no princípio da frase. Como é possível sabê-lo? — Mas a *intenção* de proferir o pensamento pode existir já antes de a primeira palavra ter sido dita. Pois, se se perguntar a alguém: «Sabes o que queres dizer?», ele responderá frequentemente pela afirmativa.

2. Digo a alguém: «Vou assobiar-te a melodia...», é minha intenção assobiá-la, já sei o que vou assobiar.
É minha intenção assobiar esta melodia: será que, então, em certo sentido já a assobiei em pensamento?

3. «Não estou apenas a *dizer* isto, tenho algo em mente ao dizê-lo.» — Após o que, dever-se-ia perguntar «o quê?» — Então, obter-se-á outra frase em resposta. Ou talvez não se possa fazer essa pergunta, porque a frase queria dizer, por exemplo, «Não estou apenas a *dizer* isto, algo me impele a fazê-lo.»

4. (A questão «O que quero dizer com isso?» é uma das expressões mais enganadoras. Na maior parte dos casos, poder-se-ia responder: «Absolutamente nada — *digo*...».)

5. Não poderei então utilizar palavras para exprimir o que desejo? — Olha para a porta do teu quarto, profere uma sequência casual de sons e exprime com eles a descrição dessa porta.

6. «Diz 'a b c d' e entende com isso: o tempo está bom.» Devo então dizer que a elocução de uma frase numa lingua familiar é uma experiência bastante diferente da alocução de sons que não nos são familiares enquanto frase? Assim, se aprendesse a língua em que *a b c d* tivesse aquele sentido — viria a obter, a pouco e pouco, a experiência familiar ao pronunciar as letras? Sim e não. — Uma diferença fundamental entre os dois casos está no facto de, no primeiro, eu não *me conseguir mover*. É como se uma das minhas articulações estivesse com talas e eu ainda não familiarizado com os movimentos possíveis, como se eu, a bem dizer, continuasse a dar passos em falso.

7. Se tiver dois amigos com o mesmo nome e escrever uma carta a um deles, em que consiste o facto de não a estar a escrever ao outro? No conteúdo? Mas este poderia servir para ambos. (Se ainda não tiver escrito a morada.) Bem, a relação poderia estar nos antecedentes. Mas neste caso poderá também estar no que se *segue* à escrita. Se alguém me perguntar «A qual dos dois estás a escrever?» e eu lhe responder, infiro a resposta dos antecedentes? Não será que quase a dou quando digo «Tenho uma dor de dentes»? — Poderia ter dúvidas sobre a qual dos dois estava a escrever? E como é o caso de tal dúvida? — Na verdade, não poderia existir uma ilusão deste tipo: penso que estou a escrever a um deles, quando de facto estou a escrever ao outro? E com que se pareceria um tal caso de ilusão?

8. (Às vezes, diz-se: «De que ia eu à procura nesta gaveta? — Ah, sim, da fotografia!» E quando isto acontece, lembramo-nos da relação entre as nossas acções e o que se estava a pensar antes. Mas o seguinte é também possível: abro a gaveta e revolvo-a; finalmente, volto a mim e pergunto-me «Por que estou a esquadrinhar esta gaveta?» E a resposta vem: «Quero olhar para a fotografia de...». «Eu *Quero*», e não «Eu *Queria*». Abrir a gaveta, etc., aconteceu, por assim dizer, de uma forma automática e foi interpretado *subsequentemente*.)

9. «Esta minha observação referia-se a ele.» Se ouvir esta frase posso imaginar uma situação e uma história que se lhe ajustem. Poderia apresentá-la no palco, projectar-me no estado de espírito em que me 'refiro a ele'. — Mas como pode este estado de espírito ser descrito, isto é, identificado? — Imagino-me na situação, assumo uma determinada expressão e tom, etc. O que relaciona as minhas palavras com ele? A situação e os meus pensamentos. E os meus pensamentos apenas como palavras que digo em voz alta.

10. Supondo que queria substituir imediatamente todas as palavras da minha linguagem por outras; como poderia *eu* determinar o lugar onde uma das novas palavras se coloca? São as ideias que mantêm o lugar das palavras?

11. Sinto-me inclinado a dizer: «Eu 'aponto' *em diferentes sentidos*, para este corpo, para a sua forma, cor, etc. — Que quer isto dizer?
Que significado tem dizer eu 'oiço' *num sentido diferente* o piano, a peça, o executante, a sua fluência? Eu 'caso', num sentido, com a mulher, noutro com o seu dinheiro.

12. Aqui significar imagina-se como uma espécie de referência mental, indicação.

13. Em algumas acções de espiritismo, é essencial *pensar* numa pessoa específica. E aqui temos a impressão de que 'pensar nele' é, por assim dizer, agarrá-lo com o meu pensamento. Ou é como se eu continuasse a picá-lo em pensamento. Com efeito, os pensamentos continuam a desviar-se ligeiramente dele.

14. «Subitamente tive de pensar nele.» Digamos que uma imagem dele pairou subitamente no ar à minha frente. Eu sabia que era uma imagem dele, de N.? Não disse a mim mesmo que era. Em que consiste, então, ser dele? Talvez no que disse ou fiz mais tarde.

15. Quando Max diz «O príncipe tem um cuidado paternal pelas tropas», quer dizer Wallenstein. — Suponhamos que alguém disse: Não sabemos que ele quer dizer Wallenstein: poderia estar a referir-se a um outro príncipe nesta frase ([1]).

16. «O facto de quereres dizer tocar piano consiste em *pensares* em tocar piano».
«O facto de, naquela carta, te referires àquela pessoa com a palavra 'tu' consiste em estares a escrever-*lhe*.»
O erro está em afirmar que querer dizer consiste em algo.

17. «Quando eu disse isso, apenas queria dar uma indicação.» — Como posso saber que o disse apenas para dar uma indicação? Bem, as palavras «Quando o disse, etc.» descrevem uma situação inteligível específica. Como é essa situação? Para a descrever, tenho de descrever um contexto.

18. Como é que *ele* entra nos seguintes processos:
Eu piquei-o,
falei com ele,
chamei-o,
falei dele,
imaginei-o,
estimei-o?

19. É errado dizer: referia-me a ele *ao* olhar para ele. «Querer dizer» não designa uma actividade que consiste, total ou parcialmente, nas 'elocuções' do significar.

20. Por este motivo, seria estúpido chamar ao significar uma «actividade mental» porque tal encorajaria uma falsa ideia da função da palavra.

21. Eu digo «Vem cá» e aponto para A. B, que se encontra junto dele, dá um passo na minha direcção. Eu digo «Não; é A

([1]) Schiller, *Wallenstein, Die Piccolomini*, acto I, cena 2. As palavras são na verdade proferidas por Illo, e não por Max.

quem deve vir». Deve isto tomar-se como uma comunicação sobre o meu estado mental? Certamente que não. — No entanto, não seria possível tirar-se uma conclusão a partir desta frase sobre processos que ocorrem em mim quando pronunciei a ordem «Vem cá»?
Mas que tipo de processos? Não poderia conjecturar-se que olhei para A, quando dei a ordem? Que orientei os meus pensamentos na sua direcção? Mas talvez não conheça B de todo; apenas estou em contacto com A. Neste caso, o homem que conjecturou sobre os meus processos mentais poderia estar completamente errado, mas terá de qualquer forma compreendido que me referia a A e não a B.

22. Aponto com a mão e digo «Vem cá». A pergunta: «Referes-te a mim?» Eu digo: «Não, a B». — Que aconteceu quando me referi a B (uma vez que apontar provocou a dúvida sobre quem eu tinha em mente)? — Disse aquelas palavras, fiz aquele gesto. Será necessário algo mais ter acontecido, para que aconteça o jogo de linguagem? Mas não sabia já eu, enquanto estava a apontar, a quem me referia? Sabia? Claro — orientando-me pelos critérios habituais do conhecimento.

23. «Ao que eu queria chegar na minha descrição era...» Este era o objectivo que tinha perante mim. Podia ver, no meu espírito, a passagem no livro a que queria chegar.
Descrever uma intenção significa descrever o que aconteceu a partir de um ponto de vista específico, com um objectivo específico. Pinto um retrato específico do que aconteceu.

24. Em vez de «Referi-me a *ele*» pode também dizer-se «Estava a falar *dele*». E como se faz isso, como se fala *dele*, ao dizer estas palavras? Por que razão não soa bem dizer «Eu falava dele enquanto apontava para ele ao mesmo tempo que dizia estas palavras»? «Referir-se a ele» quer dizer, por exemplo, «falar dele». E não: apontar para ele. E se falo sobre *ele*, é evidente que há uma relação entre a minha conversa e ele, mas esta relação reside na aplicação da conversa e não no acto de apontar. Apontar é, em si mesmo, apenas um sinal e no jogo

de linguagem pode dirigir a aplicação da frase e assim mostrar o que se quer dizer.

25. Se eu disser «Vi uma cadeira nesta sala», posso sobretudo evocar aquela imagem visual apenas muito aproximadamente, e ela não tem qualquer importância na maior parte das vezes. O uso que se faz da frase passa ao lado desta característica específica. Será assim também quando digo «Referia-me a N»? Iludirá da mesma forma esta frase as características específicas do processo?

26. Quando faço uma observação com uma alusão a N., posso deixá-lo transparecer — dadas determinadas circunstâncias — no meu olhar, expressão, etc.
Podes mostrar que compreendeste a expressão «aludir a N.» descrevendo exemplos de alusão. Que poderás descrever? Em primeiro lugar, circunstâncias. Depois, o que alguém diz. Talvez também o seu olhar, etc. Em seguida, o que está a procurar fazer quem faz uma alusão.
E se eu comunicar a alguém quais os sentimentos, imagens, etc., que tive enquanto fazia esta observação (enquanto fazia a alusão), eles podem completar a imagem típica de uma alusão (ou uma tal imagem). Mas isto não conduz a que a expressão «aludir a N.» signifique: comportar-se assim, sentir assim, imaginar assim, etc. E aqui, alguém dirá: «Claro que não! Sempre soubemos isto. Um fio vermelho tem de passar por todos estes fenómenos. Este, por assim dizer, enredado neles e por isso é difícil distingui-lo.» — E também isto não é verdade.
Mas seria também errado dizer que «aludir» representa uma família de processos mentais e outros. — Pois pode muito bem perguntar-se «Qual foi a tua alusão a N.?»; «Como deste a entender aos outros que te referias a N.»; mas não: «De que forma é que entendeste esta expressão como uma alusão a N.?»
«Aludi a ele no meu discurso.» — «Com que palavras?» — «Aludi a ele quando falei de um homem que...».
«Aludi a ele» significa aproximadamente «*Queria* que alguém, através destas palavras pensasse nele». Mas «queria»

não é a descrição de um estado de espírito, nem tão-pouco «compreender que N era referido» é uma descrição.

27. Quando a situação é ambígua, torna-se então dúbio se me refiro a ele? Quando digo que me referia ou não a ele, não é pela situação que julgo. E se não é pela situação, por que é? Aparentemente, por nada. Com efeito, lembro-me realmente da situação, mas *interpreto-a*. Por exemplo, posso *agora imitar* o meu olhar de soslaio; mas referir-me a ele apresenta-se como uma fina e impalpável atmosfera do discurso e da acção (uma imagem suspeita!)

28. No decorrer de uma conversa, quero apontar algo; comecei já a executar um movimento de apontar, mas não o concluo. Mais tarde, digo: «Ia então apontar. Ainda me lembro perfeitamente de já estar a erguer o dedo.» Na corrente destes processos, pensamentos e experiências, isto foi o início de um gesto de apontar.

E se completasse o gesto e dissesse: «Ele está ali deitado», isto não seria apontar a menos que essas palavras pertencessem a uma linguagem.

29. «Fizeste um movimento com a mão — querias dizer alguma coisa com esse movimento? — pensei que quisesses dizer que me aproximasse de ti.»

Assim, ele pode ter querido dizer alguma coisa, ou nada. E, se for o primeiro caso, queria dizer o movimento da mão — ou qualquer outra coisa? Quando utilizou uma expressão, terá querido dizer algo diferente da expressão ou apenas quis *dizer* a expressão?

30. Poder-se-ia também responder: «Quis dizer com través deste movimento, algo que só pode ser expresso por este movimento»? (Música, pensamento musical.)

31. «Claro que estava a pensar nele: vi-o em espírito!» — mas não o *reconheci* pela aparência.

32. Imagina alguém que conheças. — Agora, diz quem é. — Às vezes, a imagem vem antes e o nome depois. Mas adivinho o nome por causa da parecença da imagem com o homem? — E se o nome apenas vem depois da imagem — a ideia daquele homem apareceu ao mesmo tempo que a imagem, ou apenas se completou com o nome? Não inferi o nome a partir da imagem; e apenas por esta razão posso dizer que a ideia dele já existia quando a imagem apareceu.

33. É como se se experimentasse uma *tendência,* uma propensão (James). E porque não hei-de chamar-lhe assim? (E alguns explicariam o que aqui acontece mediante inervações de músculos, disposições de movimento ou ainda imagens de movimento.) Simplesmente, não há necessidade de considerar a vivência de uma tendência como uma vivência não de todo completa.

Muitas vezes, é como se, na compreensão do significado, o espírito fizesse pequenos movimentos rudimentares, tal como alguém indeciso que não sabe que caminho seguir — *i. e.,* portanto, sai do campo das possíveis aplicações.

34. Penso em homens que, desde crianças, rabiscam rapidamente à medida que falam: como se ilustrassem o que dizem.

Terei de admitir que se alguém desenha ou descreve ou imita algo de cor, *lê* a sua representação de qualquer outra coisa?! — O que apoia isto?

35. Adivinhar pensamentos. Em cima da mesa estão cartas de jogar. Quero que aquele homem toque numa. Fecho os olhos e penso numa das cartas; o outro deve adivinhar em qual penso. — Ele obriga-se a pensar numa carta, e ao mesmo tempo deseja acertar naquela em que estou a pensar. Toca na carta e eu digo «sim, era essa», ou então, não era. Uma variante deste jogo seria eu *olhar* para uma determinada carta, mas de forma a que o outro não possa ver a direcção do meu olhar; tem de adivinhar qual a carta para que estou a olhar. É importante que seja uma variante do outro jogo. Aqui pode ser importante

como penso na carta, porque poderia acontecer que a fiabilidade da suposição dependesse desse facto. Mas se na vida do dia-a-dia disser: «Pensei agora mesmo em N», ninguém me pergunta «*Como* pensaste nele?».

36. Gostar-se-ia de perguntar: «Alguém que pudesse olhar para o teu interior poderia ver o que *querias* dizer com *isso?*»

Suponhamos que tinha escrito a minha intenção numa tira de papel e alguém a poderia ter lido. Posso pensar que ele poderia, de algum modo, tê-la encontrado de uma forma mais segura do que esta? Certamente que não.

37. (No início de uma peça musical, encontra-se , escrito pelo compositor. Mas, para hoje a tocar de forma correcta, tem de interpretar-se = 94: qual é *o andamento que o compositor tinha em mente?*)

38. Interrompe um homem numa conversa totalmente não premeditada e fluente. Depois, pergunta-lhe o que ia ele dizer a seguir; e, em muitos casos, conseguirá continuar a frase que tinha começado — «Porque aquilo que ia dizer já lhe tinha passado pela mente!» — Não será talvez este fenómeno a causa para dizermos que a continuação lhe tinha passado pela mente?

39. Não é, no entanto, estranho, que exista esta reacção, esta confissão de intenção? Não é este um instrumento linguístico extremamente notável? O que tem de realmente notável? Bem — é difícil imaginar como é que um ser humano aprende este uso das palavras. É de tal maneira subtil.

40. Mas será, na realidade, mais subtil do que, por exemplo, o da expressão «Eu imaginei-o»? Sim, cada um destes usos de linguagem é notável, estranho, se se estiver orientado no sentido de considerar a descrição de objectos físicos.

41. Se disser «Eu ia fazer isto e aquilo», e se esta afirmação se basear nos pensamentos, imagens, etc., de que me lem-

bro, então alguém a quem comunique apenas estes pensamentos, imagens, etc., deveria ser capaz de inferir com o mesmo grau de certeza que eu ia fazer isto e aquilo. — Mas muitas vezes era incapaz de o fazer. Na verdade, se eu mesmo inferisse a minha intenção a partir desta evidência, os outros teriam o direito de dizer que esta conclusão era muito incerta.

42. E como é que [uma criança] aprende a utilizar a expressão «Estive naquela altura a ponto de atirar»? E como poderemos dizer que ela estava naquela altura realmente com estado de espírito, a que *eu* chamo «estar a ponto de»?

43. Suponhamos que um homem nunca aprendeu a expressão «Estive a ponto de» ou «ia mesmo a...» e não conseguia aprender o seu uso? Uma pessoa pode afinal pensar em muitas coisas sem pensar *nisso*. Pode dominar um vasto campo de jogos de linguagem, sem dominar este.

Mas não é estranho que, em toda a heterogeneidade da humanidade, não encontremos homens defeituosos deste tipo? Ou será que estas pessoas só se podem encontrar entre os fracos de espírito, e o que acontece é não haver uma observação suficiente em relação às utilizações da linguagem de que essas pessoas são capazes, ou não?

44. «Tinha a intenção de...» não exprime a lembrança de uma vivência. (Não mais do que «Estava a ponto de...».)

45. A intenção não é nem uma emoção, um estado de espírito, nem uma sensação ou imagem. Não é um estado de consciência. Não tem uma duração genuína.

46. «Tenho a intenção de me ir embora amanhã.» — Quando é que tens essa intenção? Sempre; ou intermitentemente?

47. Vê na gaveta onde pensas que a poderás encontrar. A gaveta está vazia. — Creio que a estavas a procurar entre as sensações.

Reflecte no que queria realmente dizer «ter uma intenção

intermitentemente». Significaria: ter a intenção, abandoná-la, retomá-la, e assim por diante.

48. Em que circunstâncias se diz «este mecanismo é um travão, mas não funciona»? Isto significa certamente: não atinge o seu objectivo. Em que consiste ter ele este objectivo? Poderia também dizer-se: «A *intenção* era que funcionasse como travão.» Intenção de quem? Aqui, a intenção como estado de espírito desaparece de todo.

Mas poderia ainda imaginar-se que várias pessoas tenham levado a cabo uma intenção, sem que nenhuma delas a tenha tido? Desta forma, um governo pode ter uma intenção, que nenhum *homem* tem.

49. Poderia existir um verbo que tivesse o seguinte significado: formular uma intenção por meio de palavras ou de outros signos, em voz alta ou em pensamento. Esta palavra não tem o mesmo significado que o nosso «intentar».

Ainda uma outra poderia significar: cismar acerca de uma intenção; ou dar-lhe voltas e mais voltas na cabeça.

50. Pode incomodar-se alguém no pensamento — mas na intenção? — Nos planos, sem dúvida. Também na adesão a uma intenção, isto é, no pensamento e na acção.

51. Aplicação do imperativo. Compara estas ordens:
Levanta o braço!
Imagina...!
Planeia... na cabeça!
Considera...!
Concentra a atenção em...!
Olha para esta figura como um cubo!
Com estas:
Intenta!
Refere-te a... por estas palavras!
Suspeita ser este o caso!
Acredita ser assim!
Convence-te firmemente de que...!

Lembra-te de que isto aconteceu!
Duvida de se aconteceu!
Espera pelo seu regresso!
Será *esta* a diferença, o facto de que as primeiras são movimentos voluntários e as segundas involuntários? Talvez possa antes dizer que os verbos do segundo grupo não designam acções. (Compara com a seguinte ordem: «Ri com vontade desta piada.»)

52. Poder-se-á ordenar a alguém que compreenda uma frase? Por que não se poderá dizer a alguém: «Compreende isto!»? Não poderia eu obedecer à ordem «Compreende esta frase grega», aprendendo grego? — Do mesmo modo: pode dizer-se «Inflige dor a ti mesmo», mas não «Tem dor». Diz-se «Imagina-te nesta situação», mas não «Está nesta situação».

53. Espero uma explosão a qualquer momento. Não consigo dar toda a minha atenção a mais nada; olho para um livro, mas sem ler. Quando me perguntam por que razão pareço distraído ou tenso, respondo que espero uma explosão a qualquer momento. — Como era então: será que esta frase descreve aquele comportamento? Mas como é que o processo de esperar uma explosão se distingue do processo de esperar um outro acontecimento completamente diferente, por exemplo, um determinado sinal? E como é que a expectativa de *um* sinal se distingue da expectativa de um outro, ligeiramente diferente? Ou o meu comportamento era apenas um efeito colateral da verdadeira expectativa, e esta um processo mental especial? E este processo era homogéneo ou articulado como uma frase (com um princípio e um fim *internos*)? — E como é que a pessoa em que este se desenrola sabe qual o acontecimento de que o processo é a expectativa? Porque ela não parece ter dúvida sobre isso. Não é que ela tenha observado um estado mental ou outro e tenha feito uma suposição acerca da sua causa. Pode muito bem dizer: «Não sei se é esta expectativa que me faz sentir tão ansioso hoje»; mas não dirá: «Não sei se este estado de espírito, em que me encontro agora, é a expectativa de uma explosão ou de qualquer outra coisa.»

A afirmação «Espero uma detonação a qualquer momento» é uma *expressão* da expectativa. A reacção verbal é o movimento do indicador que mostra o objecto de expectativa.

54. Parece que a expectativa e o facto que satisfaz a expectativa se ajustavam, de alguma forma. Poderia agora descrever-se uma expectativa e um facto que se ajustem, para se verificar em que consiste este acordo. Pensa-se aqui imediatamente no ajustamento de um sólido ao espaço oco correspondente. Mas quando se pretende descrever ambos verifica-se que, na medida em que se ajustam, uma *única* descrição é válida para ambos. (Por outro lado, compara com o significado de: «Estas calças não dão com este casaco».)

55. Como tudo o que é metafísico, a harmonia entre pensamento e realidade deve encontrar-se na gramática da língua.

56. Aqui penso o seguinte: se alguém conseguisse ver a própria expectativa — teria de ver *o que* se espera. (Mas de tal forma que não exija, para além disso, um método de projecção, um método de comparação, de forma a passar do que se vê ao facto que se espera.)
Mas é assim que se passa: quem vê a expressão da expectativa, vê «o que é esperado».

57. A ideia de que só o encontrar nos mostrar aquilo que procurávamos, e só a realização do desejo mostra o que queríamos, significa que se julga o processo como os sintomas da expectativa ou da procura noutra pessoa. Vejo-a percorrer inquietamente o quarto, de um lado para o outro; depois, alguém aparece à porta e ela acalma-se e dá sinais de satisfação. E eu digo: «Ela estava obviamente à espera deste homem.»

58. Dizemos que a expressão da expectativa «descreve» o facto esperado e pensamos nele como num objecto ou complexo, que surge como realização da expectativa. — Mas a realização não é o homem esperado, mas antes: que ele vem.
O erro está profundamente enraízado na nossa língua: dize-

mos «espero-o» e «espero a sua chegada» e «espero que ele venha».

59. É-nos difícil libertarmo-nos da comparação: um homem surge — um acontecimento surge. Como se o acontecimento já se encontrasse pronto, à porta da realidade, e então ingressasse na realidade (como num quarto).

60. A realidade não é uma propriedade que falta ainda ao que é esperado, e que se acrescenta quando a expectativa se concretiza. — Nem tão-pouco é como a luz do dia, necessária às coisas para adquirirem cor, quando já lá estão, por assim dizer incolores, no escuro.

61. Pode dizer-se do portador de um nome que ele não existe; e claro que isto não é uma actividade, embora se possa comparar com uma e dizer: ele tem de estar lá, de qualquer maneira, se não existir. (E isto certamente já foi escrito por um filósofo.)

62. A antecipação umbrática de um facto consiste nisto: algo *vai* apenas acontecer, mas podemos pensar que *isso* vai acontecer. Ou, como se diz, erradamente: podemos agora pensar o *que* (ou no que) *vai* apenas acontecer.

63. Algumas pessoas poderão querer dizer «A expectativa é um pensamento». Isto corresponde evidentemente a um uso da palavra «esperar». E precisamos de nos lembrar de que o processo do pensamento pode ser *muito variado*.

64. Assobio e alguém me pergunta por que estou tão contente. Respondo «Espero que N. venha hoje». — Mas, enquanto assobiava, não estava a pensar nele. Mesmo assim, seria errado dizer: deixei de ter esperança quando comecei a assobiar.

65. Se disser «Estou à espera...», estarei a asserir que a situação, as minhas acções, pensamentos, etc., são de expectati-

va deste acontecimento; ou as palavras: «Estou à espera...» são parte do processo de espera?

Em certas circunstâncias, estas palavras significam (podem ser substituídas por) «acredito que tal e tal vai acontecer». Às vezes, também: «Prepara-te para que tal aconteça...».

66. Discussões — triviais — psicológicas sobre expectativa, associação, etc., nunca prestam atenção ao que é realmente digno de nota, e vê-se que andam à volta do *punctum saliens* ([1]), sem nunca o aflorarem.

67. Uma expectativa está inserida numa situação, a partir da qual surge. A expectativa de uma explosão, por exemplo, pode derivar de uma situação em que uma explosão *é de esperar*. Quem a espera ouvira duas pessoas murmurar: «Amanhã, às dez horas, o rastilho será aceso». Depois pensa: talvez alguém tencione fazer uma casa ir pelos ares. Cerca das dez horas, começa a sentir-se inquieto, dá um salto a cada barulho que ouve e, por fim, responde à pergunta por que está tão tenso: «Estou à espera...». Esta resposta tornará, por exemplo, o seu comportamento inteligível. Também nos permitirá delinear os seus pensamentos e sentimentos ([2]).

68. A realização de uma expectativa não consiste no seguinte: acontece uma terceira coisa que se pode descrever de uma maneira diferente de «a realização desta expectativa», *i. e.*, como um sentimento de satisfação ou de alegria, ou seja do que for. A expectativa de que algo será o caso é o mesmo que a expectativa da realização dessa expectativa. [*Nota à margem:* expectativa do que não é.] ([3])

69. Sócrates a Teeteto: «E quem tem uma ideia, não deverá ter uma ideia de *alguma coisa?*» — Teeteto: «Necessariamen-

---

[1] Ver *Philosophische Bemerkungen*, § 31. Eds.
[2] Ver *Philosophische Bemerkungen*, § 581. Eds.
[3] Ver *Philosophische Bemerkungen*, § 25. Eds.

te.» — Sócrates: «E quem tem uma ideia de alguma coisa, não terá de ser de algo real?» — Teeteto: «Parece que sim».

Se, neste argumento, pusermos a palavra «matar» no lugar de, por exemplo, «ter uma ideia de», então existe uma regra para o uso desta palavra: não faz sentido dizer «Estou a matar algo que não existe». Posso imaginar um veado que não está neste prado, mas não posso matar um que não esteja lá. E «imaginar um veado neste prado» significa imaginar *que* um veado lá está. Mas matar um veado não significa matar *que*... Mas se alguém disser «Para eu conseguir imaginar um veado, ele afinal tem de existir num certo sentido» — a resposta é: não, não tem de existir num certo sentido. E se se obtivesse a resposta: «Mas de qualquer maneira a cor castanha tem de existir, para que eu possa ter uma ideia dela» — então, podemos dizer que: «A cor castanha existe» não tem significado algum; excepto que existe aqui ou ali como cor de um objecto; e isto não me é necessário para poder imaginar um veado castanho.

70. Poder fazer algo parece uma sombra do próprio acto de fazer, tal como o sentido de uma frase parece ser a sombra de um facto, ou a compreensão de uma ordem a sombra da sua execução. Na ordem, o facto, por assim dizer, «projecta a sombra para diante». Mas esta sombra, seja qual for, não é o facto.

71. Compara as aplicações de:
«Desde ontem que tenho estado com dores»
«Desde ontem que tenho estado à espera dele»
«Desde ontem que sei»
«Desde ontem que sei integrar»

72. A diferença comum entre todos os estados de consciência e as disposições parece-me ser que não se pode determinar através de prova feita ao acaso se ainda estão a decorrer.

73. Algumas frases têm de ler-se várias vezes para se compreenderem como frases.

74. Uma frase é-me dada em código, com a respectiva chave. Claro que, de uma certa forma, tudo o que é necessário para a compreensão da frase me foi dado. E, no entanto, deveria responder à pergunta «Compreendes esta frase?»: Não, ainda não; primeiro tenho de decifrá-la. E só quando, por exemplo, a tivesse traduzido para alemão, poderia dizer «Agora compreendo-a».
Se agora se fizer a pergunta «Em que momento da tradução *compreendo* a frase?», teremos um vislumbre da natureza do que chamamos a «compreensão».

75. Posso reparar na evolução das minhas dores, mas não, do mesmo modo, na da minha crença, da minha tradução ou do meu conhecimento.

76. Pode estabelecer-se a duração de um fenómeno através da observação ininterrupta, ou de experiências.
A observação da duração pode ser contínua ou intermitente.

77. Como é que observo o meu conhecimento, as minhas opiniões? E por outro lado, uma pós-imagem, uma dor? Existirá algo como, por exemplo, a observação ininterrupta da minha capacidade de levar a cabo a multiplicação...?

78. Será «Eu espero...» uma descrição de um estado de espírito? Um estado de espírito tem duração. Assim, «Estive à espera durante todo o dia» é uma tal descrição; mas suponhamos que digo a alguém: «Espero que venhas» — que acontece se ele me perguntar «Há quanto tempo estás à espera»? Supondo que eu tinha essa ou outra resposta a esta pergunta, não seria de todo irrelevante para o objectivo das palavras «Espero que venhas»?

79. Dizemos «Espero que venhas», mas não «Acredito que espero que venhas»; mas podemos dizer: «Acredito que ainda espero que ele venha.»

80. Qual é a forma pretérita de «Tu vens, não vens?»?

81. Onde há uma duração genuína, pode dizer-se a alguém: «Presta atenção e faz-me um sinal quando a figura, o que estiveres a experimentar, o barulho, etc., se alterar».
Há aqui em geral um prestar atenção. Ao passo que não se pode seguir com atenção o esquecimento do que se sabia, ou coisasemelhante. [*Nota à margem:* não está certo, porque também não se podem seguir as suas próprias imagens mentais com atenção.]

82. Pensa neste jogo de linguagem: determina como um cronómetro por quanto tempo uma impressão dura. A duração de conhecimento, da capacidade, da compreensão não poderia determinar-se desta forma.

83. «Mas a diferença entre saber e ouvir não reside simplesmente numa tal característica como o tipo da sua duração. São, dúvida, completa e absolutamente distintos!» Claro. Mas não se pode dizer: «*Sabe* e *ouve,* e dar-te-ás conta da diferença».

84. «A dor é um estado de consciência, a compreensão não é.» — «Bem, eu nem sequer *sinto* a minha compreensão.» — Mas esta explicação não leva a lado nenhum. Nem tão-pouco constituiria qualquer explicação dizer: o que, de algum modo, se *sente,* é um estado de consciência. Porque tal apenas significaria: Estado de consciência = sentimento. (Uma palavra teria meramente sido substituída por outra.)

85. Na verdade, dificilmente se diz que se acreditou, compreendeu, intentou alguma coisa «ininterruptamente», desde ontem. Uma interrupção da crença seria um período de descrença e não, por exemplo, o desvio da atenção daquilo em que se acredita — por exemplo, sono.
(Diferença entre «saber» e «estar consciente de».)

86. O mais importante aqui é: há uma diferença; nota-se a diferença que é «uma diferença de categoria» — sem se con-

seguir dizer em que consiste. Este é o caso em que normalmente se diz que sabemos a diferença por introspecção.

87. É provável que seja este o ponto em que se diz que apenas a forma, e não o conteúdo, pode ser comunicada aos *outros*. — Assim, uma pessoa fala com consigo mesma *acerca do conteúdo*. — (Mas de que maneira se 'relacionam' as minhas palavras com o conteúdo que conheço? E com que fim?)

88. É notável como *o que se passa* no pensamento praticamente nunca nos interessa. É notável, mas não estranho.

89. (Pensamentos, por assim dizer, só alusões.) Não se passa aqui o mesmo que com um prodígio de cálculo? Ele calculou bem, se conseguiu encontrar a resposta certa. Talvez nem ele próprio consiga dizer o que se passou nele. E se o fôssemos a ouvir, talvez se parecesse com uma estranha caricatura de cálculo.

90. Que sei eu dos processos internos de alguém que está a ler atentamente uma frase? E será que ele mo consegue descrever posteriormente e, se descreve algo, será este *o* processo de atenção característico?

91. Pergunta: Que resultado pretendo obter quando digo a alguém: «Lê atentamente»? Que, por exemplo, isto e aquilo lhe chame a atenção e que esse alguém o possa relatar. — Também se poderia dizer, penso eu, que quem lê uma frase com atenção, poderá muitas vezes fazer um relato do que se passou no pensamento, por exemplo, a ocorrência de imagens. Mas isso não significa que tais processos são o que chamamos «atenção».

92. «Pensaste enquanto lias a frase?» — «Sim, pensei enquanto lia; cada palavra era importante para mim.»
Esta não é a vivência comum. Não se fica normalmente meio surpreendido ao ouvir-se dizer algo; não se segue o seu

33

próprio discurso com atenção; pois, normalmente se fala de modo voluntário, e não involuntariamente.

93. Se um homem normal estiver a manter uma conversa normal em circunstâncias normais, e me for feita a pergunta de como se distingue pensar de não-pensar — não saberia que resposta dar. E *certamente* eu *não* poderia dizer que a diferença reside em algo que se passa ou não se passa enquanto ele fala.

94. A linha de demarcação traçada aqui entre 'pensar' e 'não pensar' traçar-se-ia entre dois estados, que não se distinguem por algo que de algum modo se pareça com um jogo de imagens. (Porque o jogo de imagens é o modelo segundo o qual se gostaria de pensar o pensar.)

95. Apenas em circunstâncias muito especiais se levanta a questão se se falou *pensadamente* ou não.

96. Claro, se falarmos de uma *experiência* de pensar, a experiência de falar é tão boa como qualquer outra. Mas o conceito 'pensar' não é um conceito de uma experiência. Com efeito, não comparamos pensamentos da mesma forma que comparamos experiências.

97. O que se imita é, por exemplo, o tom de uma pessoa ao falar, a sua expressão e outras coisas semelhantes; e tal basta-nos. Isto prova que *aqui* residem os fenómenos importantes que acompanham a fala.

98. Diremos que qualquer pessoa que fala com sentido pensa? Por exemplo, o construtor, no jogo de linguagem n.º 2? ([1]) Não poderíamos imaginá-lo a construir e a gritar as palavras em ambientes em que não estabeleceríamos uma relação, nem sequer remota, com o pensar?

([1]) Ver *Philosophische Unterzuchungen*, § 2. Eds.

99. (Sobre o jogo de linguagem n.º 2.) (¹) Presumes, apenas tacitamente, que estas pessoas *pensam;* que elas, *neste* aspecto, se parecem com as pessoas que conhecemos; que não fazem este jogo de linguagem apenas mecanicamente. Pois, se as imaginasses a fazê-lo, tu próprio não o designarias como o uso de uma linguagem rudimentar.

Que posso responder a isto? É decerto verdade que a vida destes homens é semelhante à nossa em muitos aspectos, e eu não disse nada sobre tal semelhança, mas o que é importante é que a sua linguagem, assim como o seu pensamento, pode ser rudimentar, que existe algo como o «pensamento primitivo» que deve descrever-se mediante um *comportamento* primitivo. O ambiente não é o «acompanhamento cogitativo» do discurso.

100. Imaginemos alguém a fazer um trabalho que implique comparação, experiência, escolha. Digamos que ele está a fabricar um artigo com várias peças de amterial, com determinadas ferramentas. De quando em quando surge o problema «Deverei usar esta peça?» — A peça é rejeitada, uma outra é experimentada. Por tentativas, as peças são montadas e depois desmanteladas; ele procura outra que sirva, etc., etc. Imagino agora que todo este processo é filmado. O trabalhador talvez produza sons como «hm» ou «ah!» Como se fossem sons de hesitação, descoberta repentina, decisão, satisfação, insatisfação. Mas não profere uma única palavra. Estes sons podem ser incluídos no filme. O filme é-me mostrado e agora invento um solilóquio para o trabalhador, coisas que se coadunem com a sua maneira de trabalhar, o seu ritmo, o seu jogo de expressões, os seus gestos e ruídos espontâneos; correspondem a tudo isto. Assim, às vezes ponho-o a dizer «Não, esta peça é demasiado longa, talvez outra encaixe melhor.» — Ou «Que posso fazer a seguir?» — «Achei!» — ou «Não está mal», etc.

Se o trabalhador puder falar — seria uma falsificação do que realmente se passa, se ele descrevesse isso precisamente e

---

(¹) Ver *Philosophische Unterzuchungen,* § 2. Eds.

dissesse, por exemplo: «Depois, pensei: não, esta não dá, tenho de experimentar de outra maneira» e por aí fora — embora ele não tenha falado durante o trabalho nem tenha imaginado estas palavras?
Quero dizer: não poderá ele, mais tarde, reproduzir com palavras os seus pensamentos silenciosos? E de tal forma que nós, que poderíamos ver o trabalho em curso, aceitaríamos o seu relato? — E mais ainda, se tivéssemos observado muitas vezes este homem a trabalhar, e não apenas uma vez só?

101. Claro que não podemos separar o seu 'pensamento' da sua actividade. Porque o pensamento não é o acompanhamento do trabalho, assim como não o é do discurso ponderado.

102. Se observássemos seres a trabalhar, cujo *ritmo* de trabalho, jogo de expressão, etc., fossem como os nossos, mas que não *falassem*, talvez neste caso disséssemos que eles pensavam, consideravam, tomavam decisões. Pois existiria ali *muita coisa* correspondente às acções dos homens comuns. E não podemos decidir *quão* próxima tem de ser a correspondência para nos dar o direito de utilizar o conceito 'pensar' também no seu caso.

103. E para quê termos de chegar a esta conclusão?
Faremos uma importante distinção entre seres que podem aprender a fazer um trabalho, mesmo complicado, de uma forma 'mecânica', e os que fazem experiências e comparações enquanto trabalham. — Mas o que poderia chamar-se «fazer experiências» e «comparações» pode, por sua vez, ser explicado apenas dando exemplos, e estes exemplos serão retirados da nossa vida ou de uma vida que é como a nossa.

104. Se ele fez alguma combinação a brincar ou acidentalmente e agora a utiliza como método para fazer isto ou aquilo, diremos que pensa. — Ao reflectir, reveria mentalmente formas e meios. Mas, para o fazer, deve já ter alguns armazenados. Pensar dá-lhe a possibilidade de *aperfeiçoar* os seus

métodos. Ou antes: ele 'pensa' quando, de uma forma definitiva, aperfeiçoa um método seu. [*Nota à margem:* com que se parece a procura?]

105. Poder-se-ia também dizer que um homem pensa quando *aprende* de um determinado modo.

106. E também isto se poderia dizer: quem *pensa* enquanto trabalha intercalará o seu trabalho com *actividades auxiliares*. A palavra «pensar» não significa estas actividades auxiliares, tal como pensar não é falar. Embora o conceito 'pensar' se forme segundo o modelo de um tipo de actividade auxiliar imaginária. (Tal como se poderia dizer que o conceito do quociente diferencial é formado a partir do modelo de um tipo de quociente ideal.)

107. Estas actividades auxiliares não são o pensar; mas imagina-se o pensar como o caudal que tem de correr sob a superfície destes recursos, a fim de que não sejam meros actos mecânicos.

108. Suponhamos que se tratava de comprar e vender seres (animais antropóides), utilizamos como escravos. Eles não podem aprender a falar, mas os mais inteligentes de entre eles podem ser ensinados a fazer tarefas bastante complicadas; e algumas destas criaturas trabalham 'pensando', outros de uma forma mecânica. Pagamos mais por um que pense do que por um que seja apenas mecanicamente inteligente.

109. Se existissem apenas uns poucos humanos que conseguissem encontrar a resposta para um problema de adição, sem falar ou escrever, não poderiam apresentar-se como restemunhas do facto de que calcular se pode executar sem signos. É porque não seria claro se estas pessoas estaval a 'calcular' ou não. De igual modo, o testemunho de Ballard (em James) não consegue convencer de que é possível pensar sem linguagem.

Na verdade, onde a linguagem não é utilizada, por que falar de 'pensar'? Se tal se fizer, mostrará algo sobre o *conceito* de pensar.

110. 'Pensar', um conceito amplamente ramificado. Um conceito que implica muitas manifestações da vida. Os *fenómenos* do pensamento estão amplamente espalhados.

111. Não estamos de modo algum *preparados* para a tarefa de descrever o uso de, por exemplo, a palavra «pensar». (E por que haveríamos de estar? Em que nos é útil tal descrição?)
E a ideia ingénua que se faz sobre ela não corresponde de todo à realidade. Esperamos um contorno macio e regular e o que nos é dado ver é esfarrapado. Aqui poder-se-ia realmente dizer que construímos uma imagem falsa.

112. Não se deve esperar que esta palavra tenha uma utilização uniforme; deve antes esperar-se o contrário.

113. De onde retiramos o conceito 'pensar', que aqui queremos considerar? Da linguagem do dia-a-dia. O que primeiro fixa a direcção da nossa atenção é a palavra «pensar». Mas a utilização desta palavra é confusa. Nem podemos esperar outra coisa. E isto pode naturalmente dizer-se de todos os verbos filosóficos. O seu emprego não é tão claro nem tão fácil de abranger sinopticamente, como o dos termos de mecânica, por exemplo.

114. Aprendeu-se a palavra «pensar», isto é, a sua utilização em certas circunstâncias, as quais, contudo, não se aprende a descrever.

115. Mas *posso ensinar* a alguém o uso da palavra! Com efeito, uma descrição dessas circunstâncias não é necessária para tal.

116. Apenas lhe ensino a palavra *em determinadas circunstâncias.*

117. Aprendemos a dizê-la talvez apenas de seres humanos; aprendemos a afirmá-la ou a negá-la em relação a eles. A questão «Os peixes pensam?» não existe nas nossas aplicações da linguagem, *não se põe*. (O que pode ser mais natural do que tal estado, uma tal utilização da linguagem?)

118. «Ninguém pensou *nesse* caso» — podemos dizer. Na verdade, não posso enumerar as condições em que a palavra «pensar» se pode ser utilizar — mas se uma circunstância torna o uso dúbio, posso dizê-lo, e também posso dizer *de que maneira* a situação diverge das habituais.

119. Se eu tiver aprendido a executar uma determinada actividade num determinado quarto (arrumar o quarto, por exemplo) e domino esta técnica, não se segue daí que esteja preparado para descrever a organização do quarto; mesmo que notasse imediatamente, e conseguisse também descrever qualquer alteração na organização.

120. «Esta lei não foi dada tendo estes casos em vista». Quer isto dizer que não tem sentido?

121. É perfeitamente imaginável que alguém saiba deslocar-se com precisão numa cidade, isto é, que, com segurança, encontre o caminho mais curto de um local para qualquer outro — e, no entanto, seja incompetente para desenhar um mapa da cidade. Que, logo que o tente, produza apenas algo de *completamente* falso. (O nosso conceito de 'instinto'.)

122. Lembra-te de que a nossa língua poderia ter diferentes palavras: uma para pensar 'pensar alto'; uma para pensar quando se fala consigo próprio em imaginação; uma para uma pausa durante a qual algo nos atravessa o espírito, e depois da qual, contudo, podemos dar uma resposta com segurança.
Uma palavra para um pensamento expresso numa frase; uma para o pensamento-relâmpago, que mais tarde posso 'vestir de palavras'; uma para o pensar sem palavras, enquanto se trabalha.

123. «Pensar é uma actividade mental» — Pensar *não* é uma actividade corporal. Pensar é uma actividade? Bem, pode dizer-se a alguém: «Pensa nisso.» Mas se alguém, ao obedecer a esta ordem, fala consigo mesmo ou com outra pessoa, então poderá dizer-se que está a praticar *duas* actividades?

124. O empenhamento naquilo que se diz tem os seus próprios sinais específicos. Tem também as suas próprias consequências e condições prévias. O empenhamento é algo de vivido; atribuímo-lo a nós próprios, não baseados numa observação. Não é um acompanhamento do que dizemos. De que maneira é que o que acompanha a frase se poderia tornar no empenhamento no pelo conteúdo da frase? (Condição lógica.)

125. Compara o fenómeno do pensar com o fenómeno do queimar. Não pode o queimar, a chama, parecer-nos misterioso? E por que razão mais a chama do que a mesa? — E como resolves este enigma?
E como se resolve o enigma do pensar? — E como o da chama?

126. Não será a chama misteriosa por ser impalpável? Está bem — mas por que é que isso a torna misteriosa? Porque é que algo de impalpável deveria ser mais misterioso do que algo de palpável? a não ser que seja porque a *queremos* agarrar.

127. Diz-se que a alma *abandona* o corpo. Depois, para excluir toda a semelhança com o corpo, e para que não se pense que uma coisa gaseiforme, diz-se que a alma é incorpórea, não-espacial; mas com a palavra «abandona», já se disse tudo. Mostra-me como utilizas a palavra «espiritual» e verei se a alma é «incorpórea» e o que entendes por «espírito».

128. Tenho a tendência para falar de uma coisa sem vida como faltando-lhe algo. Vejo a vida incondicionalmente como um *plus*, como algo acrescentado a uma coisa sem vida. (Atmosfera psicológica.)

129. Não se diz de uma mesa e de uma cadeira: «agora está a pensar», nem «agora não está a pensar», nem ainda «nunca pensa»; também não se diz de plantas ou de peixes; raramente de cães; apenas de seres humanos. E nem sequer de todos os seres humanos.
«Uma mesa não pensa» não se compara a uma expressão como «uma mesa não cresce». (E não saberia o que seria se uma mesa pensasse.) E aqui há, obviamente, uma transição gradual para o caso dos seres humanos.

130. Apenas falamos de 'pensar' em circunstâncias muito especiais.

131. Então, como é que o sentido e a verdade (ou a verdade e o sentido) das frases se podem desmoronar em conjunto? (Manter-se ou desmoronar conjuntamente?)

132. E não é como se quisesses dizer: «Se tal e tal não for o caso, então não faz qualquer *sentido* dizer que é o caso»?

133. Como, por exemplo: «Se todas as jogadas fossem *sempre* falsas, não faria sentido falar de 'jogada falsa'. Mas esta é apenas uma forma paradoxal de pôr o problema. A forma não-paradoxal seria: «A descrição geral... não faz sentido».

134. Em vez de dizeres «não se pode», diz: «não existe neste jogo». Não: «não se pode rocar no jogo de damas» mas — «não *existe* roque no jogo de damas»; e em vez de «Não posso expor a minha sensação» — «na utilização da palavra 'sensação', não se trata de expor o que se tem»; em vez de «não se podem enumerar todos os números cardinais» — «aqui não se trata de enumerar todos os membros».

135. Flui a conversação, a aplicação e a interpretação de palavras, e as palavras apenas têm sentido no seu fluxo.
«Ele foi embora.» — «Porquê?» — Que querias dizer, quando proferiste a palavra «porquê»? Em que *pensaste?*

41

136. Pensa em pôr o dedo no ar, na escola. É necessário ter ensaiado silenciosamente a resposta, para se ter o direito de pôr o dedo no ar? E o *que* deve ter-se passado interiormente? — Nada. Mas é importante que normalmente se saiba uma resposta quando se põe o dedo no ar; e este é o critério para se *compreender* o facto de se pôr o dedo no ar. Não é necessário ter-se passado nada interiormente; e, no entanto, seria digno de nota se, nessas alturas, nada se tivesse para dizer do que se passara dentro de si.

137. Às vezes, quando digo «Pensei então...», posso informar que disse estas palavras a mim mesmo, em voz alta ou silenciosamente; e se não estas, outras, de que as presentes reproduzem o essencial. Com toda a certeza que isto às vezes acontece! Mas também acontece as palavras actuais não serem uma «*reprodução*». Com efeito, só são uma reprodução, se o forem pelas regras da projecção.

138. Parece que uma frase com a palavra «bola», por exemplo, contém já a sombra de outras utilizações desta palavra. Quer dizer, a *possibilidade* de formar outras frases. — A quem parece? E em que circunstâncias?

139. Não nos libertamos da ideia de que o sentido de uma frase acompanha a frase: está a seu lado.

140. Quer dizer-se, por exemplo: «Uma negação faz o mesmo com a proposição que a outra, exclui o que descreve.» Mas esta é apenas uma forma de expressar a comparação das duas proposições negativas. (O que é válido apenas quando a proposição negada não é ela mesma uma proposição negativa.) Volta sempre a repetir-se o pensamento de que o que vemos de um signo é apenas o lado exterior de algo interior, em que as operações reais do sentido e do significado continuam.

141. O nosso problema poderia ser (muito claramente) formulado da seguinte maneira: suponhamos que temos dois sistemas para medir comprimento; em ambos, o comprimento

é expresso por um numeral seguido de uma palavra, dando a unidade de medida. Um sistema designa o comprimento como «n pés» e um pé é uma unidade de comprimento no sentido vulgar; no outro sistema, um comprimento é designado por «n W» e 1 pé = 1 W. Mas 2 W = 4 pés, 3 W = 9 pés e assim por diante. — Portanto, a frase «Este pau mede 1 W» significa o mesmo que «Este pau mede 1 pé». Questão: «W» e «pé» têm o mesmo significado nestas duas frases?

142. A questão está mal posta. Podemos ver isso, se expressarmos a identidade do significado através de uma equação. A questão só pode ser: «É W = pé, ou não?» — As frases em que estes signos ocorrem não se abordam aqui. — Tão-pouco, é claro, se pode perguntar nesta terminologia se «é» aqui significa o mesmo que «é» além; o que podemos perguntar é se a cópula significa o mesmo que o sinal de igual. Bem, o que dissemos foi: 1 pe = 1 W; mas pé ≠ W.

143. Poderíamos dizer: em todos os casos, o que queremos dizer por «pensamento» é o que está *vivo* na frase. Aquilo sem o qual esta está morta, é uma mera sequência de sons ou de formas escritas.

Se, no entanto, falasse da mesma maneira de algo que confere significado a uma configuração de peças de xadrez, isto é, que as distingue de qualquer combinação de pequenos bocados de madeira — não poderia estar a querer dizer qualquer coisa? As regras que convertem a combinação de xadrez numa situação de jogo; as vivências especiais que associamos a tais posições num jogo; a utilidade do jogo.

Ou suponhamos que falávamos de algo que distingue o dinheiro em notas de meras tiras de papel impressas e lhe dá o seu sentido, a sua vida!

144. Como uma palavra se entende não o dizem as palavras sozinhas. (Teologia.)

145. Poderia existir também uma linguagem em cuja utilização a impressão produzida sobre nós pelos signos não de-

sempenhasse qualquer papel; na qual não existisse a compreensão no sentido de tal impressão. Os signos são escritos e são-nos transmitidos e podemos *tomar nota deles*. (Quer dizer, a única impressão, de que aqui falamos, é a configuração do signo.) Se o signo for uma ordem, convertemo-lo em acção por meio de regras, tabelas. Não chega a ser uma impressão, como a de uma imagem; nem são histórias escritas nesta língua.

146. Neste caso, poder-se-ia dizer: «O signo apenas vive no sistema.»

147. Poderia também decerto imaginar-se que teríamos de utilizar regras, e traduzir uma frase verbal numa imagem, de forma a dela obter uma impressão. (Só a imagem teria uma alma.)

148. Poderíamos imaginar uma linguagem em que os significados das palavras mudassem de acordo com regras definidas, por exemplo: de manhã, a expressão A significa isto, de tarde, aquilo.
Ou uma linguagem em que as palavras mudassem todos os dias; cada dia, cada letra do dia anterior seria substituída pela letra seguinte do alfabeto (e o z pelo a).

149. Imagina a seguinte língua: o vocabulárioo e a gramática são os da língua alemã, mas as palavras ocorrem na frase por ordem inversa. Assim, uma frase desta língua soa como uma frase alemã lida do fim para o início. Desta forma, as possibilidades de expressão têm a mesma multiplicidade que em alemão. Mas a sonoridade que nos é familiar desaparece.

150. Alguém que não saiba alemão, ouve-me dizer em certas ocasiões: «Que luz maravilhosa!» Adivinha o significado e utiliza agora também a exclamação, como eu a utilizo, mas sem compreender cada uma das três palavras individualmente. Será que compreende a exclamação?

151. Escolho intencionalmente um exemplo em que um homem dá expressão a uma sensação. Com efeito, diz-se que, neste caso, os sons que não pertencem a nenhuma língua são plenos de significado.

152. Seria igualmente fácil imaginar o caso análogo para a frase: «Se o comboio não chegar pontualmente às cinco horas, perde a ligação?» Que quereria dizer neste caso adivinhar o sentido?

153. De certa forma incomoda-nos que, numa frase, o pensamento não esteja totalmente presente em qualquer momento. Tomamo-lo como um objecto que produzimos e nunca possuímos completamente, pois tão logo uma parte surge, desaparece a outra.

154. (Sobre o n.º 150) Pode imaginar-se facilmente uma língua em que as pessoas utilizem uma única palavra para a exclamação. Mas como seria com uma palavra para a frase «Se o comboio...»? Em que tipo de casos deveríamos dizer que a palavra substitui realmente a frase?

Por exemplo, na seguinte: as pessoas começam por utilizar uma frase como a nossa mas, em seguida, originam-se circunstâncias em que a frase tem de ser proferida tão frequentemente, que a encurtam para uma única palavra. Assim, as pessoas poderiam ainda elucidar a palavra através da frase.

Mas será ainda possível o caso em que as pessoas possuem *apenas* uma palavra para aquele sentido, portanto, para aquele uso? Por que não? Teremos de pensar como é que o uso desta palavra é aprendido, e em que circunstâncias deveríamos dizer que a palavra representa realmente aquela frase.

Mas lembra-te do seguinte: alguém diz na nossa língua «Ele chega às cinco horas»; outra pessoa responde «Não, às cinco e dez». Há também este tipo de diálogo na outra língua?

Eis a razão por que sentido e referência são conceitos vagos.

155. As palavras de um poeta podem trespassar-nos. Isto está decerto ligado *causalmente* ao uso que têm na nossa vida. E está também ligado à maneira como, conformemente a estes usos, permitiam aos nossos pensamentos vaguear pelos ambientes familiares das palavras.

156. Existe *alguma* diferença de significado que possa explicar-se e outra que não se deixe explicar?

157. A expressão emotiva na música — não pode ser reconhecida por regras. E por que não podemos imaginar que o poderia ser, por outros seres?

158. Se um tema, uma frase, significa subitamente algo para ti, não tens de ser capaz de o explicar. Apenas *este* gesto se tornou acessível para ti.

159. No entanto, falas da *compreensão* da música. Compreende-la, certamente, *enquanto* a ouves. Deveríamos dizer que é uma vivência que acompanha a audição?

160. O discurso da música. Não esqueças que um poema, ainda que seja composto na linguagem de informação, não se usa no jogo de linguagem de dar informação.

161. Não poderíamos imaginar um homem que, sem jamais ter previamente qualquer conhecimento de música, se aproxime de nós e ouça alguém tocar uma peça meditativa de Chopin e se convença de que é uma linguagem, cujo significado lhe queremos manter oculto?
Há um forte elemento musical na linguagem verbal. (Um suspiro, uma entoação de voz numa pergunta, numa proclamação, num desejo; os inúmeros *gestos* feitos pela voz.)

162. Mas se eu ouvir uma melodia e a compreender, não se passará algo de especial em mim— que é que não se passará, se a ouvir sem compreender? E *o quê?* — Não tenho resposta; ou tudo o que me ocorre é insípido. Posso na realidade

dizer: «Agora compreendi-a», e talvez falar acerca dela, tocá-la, compará-la a outras, etc. *Signos* de compreensão podem acompanhar o acto de ouvir.

163. É errado chamar compreensão a um processo que acompanha o acto de ouvir. (Claro que a sua manifestação, o tocar expressivo, não pode também chamar-se um acompanhamento do acto de ouvir.)

164. Pois como pode explicar-se o que é o «tocar expressivo»? Certamente que não o é por meio de algo que acompanha o tocar. — O que é necessário para a explicação? Poder-se-ia dizer: a cultura. — Se alguém é educado numa determinada cultura — e depois reage à música de tal e tal forma, poderá ensinar-se-lhe o uso da expressão «tocar expressivo».

165. A compreensão da música não é nem uma sensação nem uma soma de sensações. No entanto, é correcto chamar-lhe uma vivência, na medida em que *este* conceito de compreensão está aparentado com outros conceitos de vivência. Diz-se 'experimentei este passo de uma forma bem diferente'. Mas esta expressão só diz '*o que aconteceu*' a quem estiver familiarizado com o mundo conceptual esepcial que pertence a estas situações. (Analogia: «Ganhei o jogo».)

166. *Isto* paira no meu espírito enquanto leio. Assim, passa-se algo durante a leitura...? Esta questão não nos leva a lado nenhum.

167. Mas como pode isso pairar no meu espírito? — Não nas dimensões em que estás a pensar.

168. Como sei se alguém está encantado? Como se aprende a expressão linguística de encantamento? Com que se liga? Com a expressão de sensações corporais? perguntamos a alguém o que sente no peito e nos músculos faciais de maneira a sabermos se está a sentir prazer?

169. Mas quer isto dizer que não há sensações que se repetem frequentemente quando estamos a ouvir música? Certamente que não.

170. Um poema produz em nós uma impressão quando o lemos. «Sentes o mesmo quando o lês ou quando lês algo indiferente?» — Como aprendi a responder a esta questão? Talvez diga «Claro que não!» — o que equivale a dizer: *isto* apodera-se de mim, e o resto não.
«Eu experimento algo diferente» — e que tipo de coisa? — Não consigo dar uma resposta satisfatória. Pois a resposta que dou não é o mais importante. — «Mas não tiveste prazer *durante* a leitura?» Claro — porque a resposta contrária significaria: tive prazer antes ou depois, e não é isso que quero dizer.
Mas lembras-te certamente de sensações e imagens enquanto lês, que estão ligadas ao prazer, à impressão. — Mas estas adquirem significado apenas através do contexto em que estão inseridas: através da leitura deste poema, pela minha familiaridade com a sua linguagem métrica e inúmeras associações.
Tens de perguntar como aprendemos a expressão: «Não é fantástico?» — Ninguém no-la explicou com referência a sensações, imagens ou pensamentos que acompanham o ouvir! Nem deveríamos duvidar de que ele tivesse apreciado se não conseguisse expressar tais vivências; embora pudéssemos, se ele mostrasse que não havia compreendido certas conexões.

171. Mas a compreensão não se mostra, por exemplo, pela expressão com que alguém lê um poema, canta uma melodia? Certamente. Mas qual é a vivência durante a leitura? Apenas se poderia dizer o seguinte a este respeito: aprecia e compreende quem a ouve bem lida ou a sente bem lida nos órgãos da fala.

172. Pode dizer-se que compreender uma frase musical é também compreender uma linguagem.

173. Penso numa frase bastante curta, composta apenas de dois compassos. Dizes «A quantidade de coisas que aí não es-

tá!» Mas isto é, por assim dizer, apenas uma ilusão óptica, se pensares no que ali está ao ouvi-la. («Tudo depende de *quem* o diz.») (Só no fluxo do pensamento e da vida as palavras têm significado.)

174. Não é *isto* que contém a ilusão: «*Agora* compreendi» — seguido talvez de uma longa explicação do que compreendi.

175. Não remeterá o tema para algo fora de si mesmo? Sim. Mas isto significa: — produz uma impressão em mim, relacionada com coisas no seu ambiente — por exemplo, com a nossa linguagem e suas entoações; portanto, com todo o campo do nosso jogo de linguagem.
Se, por exemplo, eu disser: é como se uma conclusão estivesse a ser tirada, como se algo estivesse aqui a ser confirmado, como se *isto* fosse uma resposta ao que foi dito anteriormente — então a minha compreensão pressupõe uma familiaridade com inferências, com confirmações, com respostas.

176. As palavras «Gottlob! Noch etwas Weniges hat man geflüchtet — von den Fingern der Kroaten» ([1]), e o tom e o olhar que as acompanham parecem na realidade trazer consigo cada cambiante do seu significado. Mas apenas porque as conhecemos como parte de uma determinada cena. Mas seria possível construir uma cena totalmente diferente em torno destas palavras, de forma a mostrar que o espírito específico que possuem provém da história em que se integram.

177. Se oiço alguém dizer: «Fora!» com um gesto de repulsa, tenho aqui uma 'vivência' do significado da palavra, tal como no jogo, quando a digo a mim mesmo, ora com um sentido, ora com outro? — Porque ele também poderia ter dito «Afasta-te de mim!» e, em seguida, talvez eu tivesse experi-

---

([1]) «Deus seja louvado! Escapámo-nos um pouco mais das garras dos Croatas.» — Schiller, *Wallenstein, Die Piccolomini*, Acto I, Cena 2.

mentado a frase inteira de tal e tal forma — mas igualmente a palavra sozinha? Talvez fossem as palavras suplementares que provocaram a impressão em mim.

178. A vivência especial do significado é caracterizada pelo facto de reagirmos com uma explicação e a utilização da forma pretérita: Tal como se estivéssemos a explicar o significado de uma palavra com fins práticos.

179. *Esquece,* esquece que tu mesmo tens estas vivências!

180. Como pode ele ter ouvido a palavra com este significado? Como foi possível? Não era — não *nestas* dimensões.

181. Mas não é verdade, então, que a palavra significa isso para mim, agora? Por que não? Porque este sentido não entra em conflito com as restantes utilizações da palavra.
Alguém diz: «Dá-lhe a notícia de que... e *intenta* dizer com isso que...» — Qual seria o sentido desta ordem?

182. «Quando ainda agora proferi a palavra, ela queria dizer... para mim.» Por que razão não há-de isto ser mera loucura? Porque *eu* o experimentei? Isso não é razão.

183. Aquele a quem chamo cego de sentido perceberá a instrução «Diz-lhe que tem de ir ao banco — quero dizer o banco do jardim», mas não: «Diz a palavra banco, e quero dizer o banco de um rio.» Esta investigação não se preocupa com as formas de falhas mentais que podem encontrar-se entre os homens; mas com a possibilidade de tais formas. O que nos interessa não é se há homens incapazes de um pensamento do género: «Eu queria...» — mas a forma como o conceito de tal falha se deverá levar a efeito.
Se partires do princípio de que alguém não consegue fazer *isto,* então e *aquilo?* Supões que ele também não o consegue? — Onde nos conduz este conceito? Porque o que temos aqui são certamente paradigmas.

184. Pessoas diferentes têm sensibilidades diferentes acerca das alterações na ortografia de uma palavra. E o sentimento não é apenas de respeito para com a forma antiga. Se para ti soletrar é uma mera questão prática, o sentimento que te falta não é totalmente diferente daquele que faltaria a um homem «cego de sentido». (Goethe sobre nomes pessoais. Os números dos prisioneiros.)

185. É como algumas pessoas que não compreendem a pergunta «Que cor tem a vogal *a* para ti?» — Se alguém não compreendesse isto, se dissesse que se tratava de um disparate — poderíamos dizer que ele não entende alemão, ou o significado das palavras «cor», «vogal», etc.?
Pelo contrário: se aprender a compreender estas palavras, ser-lhe-á possível reagir a estas perguntas 'com compreensão' ou 'sem compreensão'.

186. Mal-entendido — não-compreensão. A compreensão é efectuada pela explicação; mas também pelo exercício.

187. Por que razão não se pode ensinar um gato a buscar coisas? Não compreenderá o que dele se pretende? E em que consiste aqui a compreensão ou a falta desta?

188. «Leio cada palavra com o sentimento que lhe é adequado. A palavra 'mas', por exemplo, com o sentimento de mas — e assim por diante.» — E mesmo que isto seja verdade — que significa realmente? Qual é a lógica do conceito 'sentimento-mas'? — Certamente não é um sentimento só porque lhe chamo «um sentimento».

189. E mentir, é uma experiência especial? Bem, poderei dizer a alguém «Vou contar-te uma mentira» e dizê-la de seguida?

190. Em que medida tenho consciência de mentir enquanto estou a dizer uma mentira? Só na medida em que não dou por ela apenas mais tarde e mesmo assim, sei mais tarde que

estava a mentir. A consciência de que se está a mentir é um *poder*. O facto de haver sentimentos característicos do mentir não entra em contradição com isto. [*Nota à margem:* intenção.]

191. O conhecimento não se *traduz* em palavras quando é expresso. As palavras não são a tradução de algo que já existia antes delas.

192. «Propor-se a fazer algo é um processo interior especial.» — Mas que tipo de processo — mesmo que pudesses imaginar um — poderia satisfazer as nossas exigências sobre propósito?

193. Não será exactamente o mesmo com o verbo «compreender»? Alguém me diz o caminho a seguir para chegar a um lugar e depois continuar. Pergunta-me «compreendeste»? Respondo «Sim, compreendi». Quero com isso dizer-lhe o que se passou dentro de mim enquanto ele explicava? — E apesar de tudo, isto também lhe poderia ser dito.

194. Imagina o seguinte jogo: É-me lida uma lista de palavras de várias línguas e de sequências de sons sem sentido. Após cada uma delas, devo dizer se compreendi ou não; e devo também dizer o que se passou em mim quando compreendia ou não conseguia compreender. — Na palavra «árvore» responderei «Sim» sem reflexão (talvez uma imagem me surja no espírito); numa combinação de sons que nunca tenha ouvido anteriormente, responderei «Não», igualmente sem reflexão. Nas palavras que representem determinadas gradações de cor, a resposta será precedida de uma imagem numas quantas palavras («contínuo», por exemplo) haverá alguma consideração; nas palavras como o artigo «o», talvez um encolher de ombros; palavras de uma língua estrangeira traduzirei *às vezes* para o alemão; quando surgem imagens no meu espírito, são por vezes imagens dos objectos designados pelas palavras (de novo milhentos casos), às vezes imagens diferentes.

Este jogo poderia ser completado por um em que alguém

diz o nome de *actividades* e a cada uma delas pergunta: «Sabes fazer?» — O sujeito deve dar as suas razões para responder à questão com «sim» ou não».

195. Imaginemos uma espécie de quebra-cabeças com imagens: não há *um* objecto particular para descobrir; à primeira vista, parece-nos uma aglomerado de linhas sem sentido, e só depois de algum esforço a conseguimos ver como, digamos, um desenho de uma paisagem. — Onde reside a diferença entre a observação do desenho antes e depois da solução? É evidente que, das duas vezes, a vemos de forma diferente. Mas o que significa dizer que depois da solução o desenho representa algo para nós, enquanto antes nada representava?

196. Podemos também colocar a questão da seguinte forma: qual é a característica geral para o facto de a solução ter sido encontrada?

197. Admitirei que, mal ele esteja resolvido, tornarei a solução óbvia traçando com força certas linhas no desenho e colocando talvez algumas sombras. Por que razão chamas à imagem que desenhaste uma solução?
  a) Porque é uma representação clara de um grupo de objectos espaciais.
  b) Porque é a representação de um sólido regular.
  c) Porque é uma figura simétrica.
  d) Porque é uma forma que provoca em mim uma impressão ornamental.
  e) Porque é a representação de um corpo que me é familiar.
  f) Porque há uma lista de soluções e esta forma (este corpo) consta da lista.
  g) Porque representa um objecto com o qual estou muito familiarizado; com efeito, dá-me uma impressão instantânea de familiaridade, faço instantaneamente todo o tipo de associações que lhe dizem respeito; sei como se chama; sei que

o vi já frequentemente; sei qual a sua utilização, etc.

h) Porque penso estar familiarizado com o objecto, uma palavra ocorre-me ao mesmo tempo que a sua designação (embora a palavra não pertença a qualquer língua existente); digo a mim mesmo «claro, isto é um...» e dou a mim próprio uma explicação disparatada, que nesse momento parece fazer sentido. (Como um sonho.)

i) Porque representa uma cara que me parece familiar.

j) Porque representa uma cara que reconheço; é a cara do meu amigo N; é a cara de que vi frequentemente retratos, etc.

k) Porque representa um objecto que recordo ter visto a dada altura.

l) Porque é um ornamento que conheço bem (embora não me lembre onde o vi).

m) Porque é um ornamento que conheço bem; sei o seu nome, sei onde o vi.

n) Porque representa uma peça de mobiliário do meu quarto.

o) Porque instintivamente tracei aquelas linhas e me senti aliviado.

p) Porque me lembro de que este objecto foi descrito.

(Quem não compreende por que falamos destas coisas deve sentir que o que dizemos são meras trivialidades.)

198. Posso abstrair da impressão de familiaridade onde esta exista; e pensá-la numa situação em que não exista? E o que significa isso? Por exemplo, vejo a cara de um amigo e pergunto-me: com que se parece esta cara, se a vir como uma cara estranha (como se a visse agora pela primeira vez)? O que resta, por assim dizer, do aspecto desta cara, se abstrair, subtrair a impressão de familiaridade? Aqui, senti-me inclinado a dizer: «É *muito difícil* separar a familiaridade da impressão da cara». Mas também sinto que é um mau modo de ex-

pressão. Não tenho ideia de como poderia sequer *tentar* separar estas duas coisas. A expressão «separá-las» não tem um sentido claro para mim.

Sei o que *isto significa:* «Imagina esta mesa preta em vez de castanha». A isto corresponde: «Pinta esta mesa, mas preta em vez de castanha».

199. Supõe que alguém dizia: «Imagina esta borboleta exactamente como é, mas horrível em vez de bonita»?!

200. Neste caso, *nós* não *determinámos* o que significa abstrair da familiaridade.

201. Para quem não tenha conhecimento destas coisas, um diagrama representando o interior de um rádio será um aglomerado de linhas sem sentido. Mas se estiver familiarizado com o aparelho e o seu funcionamento, o desenho será uma figura com significado.

Se me for dada uma figura sólida (por exemplo, num desenho) que nada signifique para mim presentemente — poderei a meu bel-prazer imaginá-la como significativa? É como se me perguntassem: posso imaginar um objecto com uma forma qualquer, como um utensílio? Mas para ser utilizado em quê?

Uma classe de formas corpóreas pode facilmente conceber-se como habitações para animais ou homens. Outra classe como armas. Outra como modelos de paisagens. Etc, etc. Deste modo sei como atribuir significado a uma forma sem significado.

202. Reflecte sobre modo o como empregamos a palavra «reconhecer». Reconheço a mobília do meu quarto, o amigo que vejo diariamente. Mas não 'ocorre nenhum acto de reconhecimento'.

203. Alguém poderia dizer: não teria qualquer impressão do quarto como um todo, se não pudesse deixar o meu olhar percorrê-lo e não pudesse nele movimentar-me livremente. *(Stream of thought.)* Mas agora a questão é: de que forma se

manifesta que 'tenho uma impressão do quarto como um todo'? Por exemplo, no facto de me conseguir orientar dentro dele; na ausência de busca, hesitação e surpresa. No número ilimitado de actividades circunscritas às suas paredes e no facto de tudo isto ser abrangido pela expressão «meu quarto», quando falo. No facto de achar útil e necessário continuar a utilizar a ideia 'meu quarto', em oposição às suas paredes, cantos, etc.

204. Com que se parece a descrição de uma 'atitude'?
Alguém diz, por exemplo, «Ignora estas manchas e esta pequena irregularidade, e olha como se fosse uma figura de...» «Abstrai *disso*. Continuarias a não gostar dela mesmo sem este...?» Claro que pode dizer-se que altero a minha imagem visual — como se pestanejasse ou ocultasse um pormenor. Este «Ignorar...» na realidade desempenha um papel semelhante, digamos, à produção de uma nova figura.

205. Muito bem — é uma boa razão para dizermos que alterámos a nossa impressão visual através da nossa atitude. O que equivale a dizer que há boas razões para assim delimitar o conceito 'impressão visual'.

206. «Mas, ao ver, posso obviamente tomar elementos em conjunto (linhas, por exemplo).» Mas porque se chama «tomar em conjunto»? Por que razão temos necessidade de uma palavra — *essencialmente* — que tem já outro significado? (Este é decerto um caso como o da expressão «*calcular* de cabeça».)

207. Se disser a alguém «Toma estas linhas (ou qualquer outra coisa) em conjunto» que fará ele? Bem, variadas coisas, conforme as circunstâncias. Talvez deva contá-las duas a duas, ou colocá-las numa gaveta, ou olhar para elas, etc.

208. Consideremos o que se diz sobre um fenómeno como o seguinte:
Ver a figura ∓ ora como um F, ora como a imagem especular de um F.

Quero perguntar: em que consiste ver a figura ora de uma, ora de outra forma? — Vejo de facto as coisas diferentemente, de cada vez? Ou simplesmente *interpreto* o que vejo de uma forma diferente? — Sinto-me inclinado a dizer que é o primeiro caso. *Mas porquê?* Bem, interpretar é um processo. Pode, por exemplo, consistir em alguém dizer «isto *deve* ser um F»; ou em não o dizer, mas em substituir o signo, ao copiar, por um F; ou em considerar: «Que poderá isto ser? Deve ser um F em que aquele que o escreveu se enganou.» — Ver não é uma acção mas um estado. (Uma observação gramatical.) E se nunca li a figura a não ser como um F, ou considerei o que ela poderá ser, diremos que a *vejo* como um F; isto, se soubermos que pode ver-se diferentemente. Chamar-lhe-ia «interpretação» se dissesse «Isto deve certamente ser um F; aquele que o escreveu fá-los todos assim.»

Pois, de que maneira chegamos ao conceito 'ver isto como aquilo'? Em que ocasiões se forma, quando há necessidade dele? (Muito frequentemente na arte.) Onde, por exemplo, se trata de expressar por olhar ou ouvido. Dizemos «Tens de ouvir estes compassos como uma introdução», «Tens de o ouvir nesta tonalidade.» «Se alguma vez se viu esta figura como... é difícil vê-la de uma outra forma», «Ouço a expressão em francês 'ne ... pas' como uma negação em duas partes, e não como 'não um passo', etc., etc. Então: trata-se de um caso de ver ou ouvir? Bem, chamemos-lhe assim; reagimos com estas palavras em situações específicas. E reagimos *a* estas palavras novamente com acções específicas.

209. Esta forma que vejo — quero dizer — não é simplesmente *uma* forma; é uma das formas que conheço; é uma forma caracterizada antecipadamente. É uma daquelas formas cujo modelo eu já possuía; e só porque corresponde a tal modelo é esta forma familiar. (Da mesma forma, trago comigo um catálogo de formas, e os objectos nele representados são os familiares.)

210. Mas o eu trazer já um modelo comigo seria apenas uma explicação causal da impressão presente. É como dizer:

este movimento faz-se tão facilmente como se já tivesse sido praticado.

211. «Quando me perguntam 'Vês ali uma bola', e, de outra vez, 'Vês ali meia bola?', o que vejo pode ser a mesma coisa das duas vezes, e se responder 'Sim', mesmo então distingo entre as duas hipóteses. Tal como distingo entre um peão e um rei no jogo de xadrez, mesmo que a presente jogada se possa efectuar para qualquer um deles, e mesmo que uma peça de um rei fosse utilizada como um peão.» — Na filosofia, corre-se constantemente o risco de produzir um mito do simbolismo, ou um mito de processos mentais. Em vez de simplesmente dizer o que cada qual sabe e tem de admitir.

212. Será que a introspecção me diz se se trata de um caso genuíno de ver ou de interpretar? Antes de mais, tenho de tornar claro perante mim mesmo o que devo chamar interpretação; onde reconhecer se algo se deve chamar um caso de interpretação ou de visão. [*Nota à margem:* ver de acordo com uma interpretação.]

213. Não vejo a figura ora desta forma, ora de outra, mesmo quando não reajo verbalmente ou de uma outra maneira?
Mas «ora desta forma» «ora de outra» são palavras, e que direito tenho de as utilizar aqui? Posso provar o meu direito, a ti ou a mim mesmo? (Só através de uma reacção posterior.)
Mas sei certamente que se trata de duas impressões, mesmo que não o diga. Mas como sei que o que digo é o que sabia? Que consequências resultam do facto de interpretar isto como aquilo, ou de ver isto como aquilo?

214. Experiência da dimensão real. Vemos uma imagem, que mostra a forma de uma cadeira; é-nos dito que representa uma construção do tamanho de uma casa. Agora vemo-la diferentemente.

215. Imagina alguém a olhar para o Sol e, de repente, ter a *sensação* de que não é o Sol que se move — mas que somos

nós que passamos a seu lado. Agora esse alguém quer dizer que viu o novo estado de movimento em que nos encontramos; imagina-o a mostrar, por meio de gestos, qual o movimento a que se refere, e que não é o movimento do Sol. — Estaríamos aqui perante duas utilizações diferentes da palavra «movimento».

216. Vemos, não a mudança de aspecto, mas de interpretação.

217. Vê-se em conformidade, não com uma interpretação, mas com um acto de interpretar.

218. Interpreto palavras; sim — mas também interpreto olhares? Interpreto uma expressão facial como sendo ameaçadora ou simpática? — Isto *pode* acontecer.
Supõe que digo: «Não chega perceber a face ameaçadora, tenho de interpretá-la.» — Alguém empunha uma faca na minha direcção, e eu digo «Entendo isto como uma ameaça.»

219. Compreendemos tão pouco os gestos chineses como as frases chinesas.

220. A consciência no rosto do outro. Olha para o rosto do outro e vê nele a consciência, um *cambiante* específico de consciência. Vês nele alegria, indiferença, interesse, excitação, apatia, etc. A luz no rosto do outro.
Olhas para dentro de *ti,* para reconheceres a fúria no rosto *dele?* Está lá, tão claramente como dentro do teu próprio peito.
(E que queremos agora dizer? Que o rosto do outro me estimula a imitá-lo e que, portanto, sinto pequenos movimentos e contracções musculares no meu próprio rosto e *exprimo* a soma destes? Disparate. Disparate — porque estás a fazer suposições em vez de te limitares a descrever. Se a tua cabeça é invadida por explicações, estás a negligenciar a consideração dos factos mais importantes.)

221. «A consciência é tão nítida no seu rosto e comportamento, como em mim mesmo.»

222. Não vemos os olhos humanos como receptores, não parecem deixar entrar nada, mas sim emitir algo. O ouvido recebe; os olhos olham. (Lançam olhares, fulminam, irradiam, brilham.) Pode assustar-se alguém com os olhos, não com o ouvido ou o nariz. Quando vês os olhos, vês que algo é emitido. Vês o olhar nos olhos.

223. «Se conseguires libertar-te dos teus preconceitos fisiológicos, não acharás nada de estranho no facto de o olhar dos olhos também se poder ver.» Porque também digo que vejo o olhar que lanças a alguém. E se alguém quisesse corrigir-me e me dissesse que eu realmente não o *vejo,* consideraria isso como estupidez pura.
Por outro lado, não *admiti nada* por falar deste modo e contradigo quem me disser que vi um olhar 'da mesma maneira' que vi a forma ou a cor dos olhos.
Com efeito, a 'linguagem ingénua', quer dizer, a forma ingénua e habitual de nos exprimirmos, não contém qualquer teoria da visão — não mostra uma *teoria,* mas apenas um *conceito* de visão.

224. Faz com que um ser humano lance olhares zangados, orgulhosos, irónicos; e agora tapa-lhe o rosto de forma a que só os olhos fiquem a descoberto — nos quais toda a expressão parecia estar concentrada: a sua expressão é agora surpreendentemente *ambígua.*

225. «*Vemos* a emoção» — Em oposição a quê? — Não vemos distorções faciais e infere-se agora (como o médico que faz um diagnóstico) para alegria, dor, aborrecimento. Descrevemos imediatamente um rosto como triste, radiante, aborrecido, mesmo que sejamos incapazes de fazer outra descrição das feições. — A dor está personificada no rosto, gostaríamos de dizer.
Isto pertence ao conceito de emoção.

226. (A fealdade de um homem pode repelir numa imagem, num quadro, como na realidade, mas também o pode numa descrição, nas palavras.)

227. Como é curioso: gostaríamos de explicar a nossa compreensão de um gesto através da sua tradução em palavras, e a compreensão das palavras traduzindo-as para um gesto. (Somos assim atirados de um lado para o outro, quando tentamos descobrir onde reside realmente a compreensão.)
E, na realidade, explicaremos as palavras por um gesto e um gesto por palavras.

228. Explica a alguém que a posição dos ponteiros do relógio, que acabaste de anotar, devia querer dizer: os ponteiros deste relógio estão agora nesta posição. — A imperícia do signo em se fazer entender, tal como uma pessoa muda que utiliza todo o género de gestos sugestivos — desaparece quando sabemos que tudo depende do *sistema* ao qual o signo pertence.
Queríamos dizer: apenas o *pensamento* o pode *dizer,* não o signo.

229. Mas uma *interpretação* é algo dado através de signos. É esta interpretação, por oposição a outra diferente (que soa de forma diferente.) — Assim, quando queríamos dizer «Qualquer frase carece de uma interpretação» pretendíamos dizer: nenhuma frase pode compreender-se sem um aditamento.

230. Seria quase como definir até que ponto um lançamento se torna válido através de um outro lançamento.

231. Por «intenção» quero aqui referir aquilo que utiliza um signo num pensamento. A intenção parece interpretar, fazer a interpretação final; o que não é mais um signo ou imagem, mas outra coisa — o que não pode de novo ser interpretado. Mas o que alcançamos é um fim psicológico, e não lógico.

Pensa numa língua de signos, «abstracta», quero dizer, uma língua que nos seja estranha, com a qual não estamos familiarizados, com a qual, poderíamos dizer, não *pensamos;* e imaginemos esta linguagem intepretada através de uma tradução para — como gostaríamos de dizer — uma linguagem pictórica inequívoca, uma linguagem consistindo em imagens pintadas em perspectiva. É de todo claro que é muito mais fácil imaginar *interpretações* diferentes da linguagem escrita do que de uma imagem pintada de forma habitual. Aqui, inclinar-nos-emos também a pensar que já não há mais possibilidade de interpretação.

232. Aqui poderíamos também dizer que não entrámos na linguagem de signos, mas na imagem pintada.

233. «Só a imagem intentada alcança a realidade como um critério. Observada de fora, ali está, morta e isolada.» — É como se primeiro olhássemos para uma imagem de forma a entrarmos nela e os objectos nela contidos nos rodeassem como coisas reais; e depois recuássemos e novamente estivéssemos fora dela; vimos a moldura, e a imagem era uma superfície pintada. Assim, quando intentamos, rodeiam-nos *imagens* da nossa intenção, e estamos dentro delas. Mas quando saímos da intenção, elas são meras manchas sobre uma tela, sem vida e sem qualquer interesse para nós. Quando intentamos, existimos no espaço da intenção, por entre as imagens (sombras) de intenção, assim como com as coisas reais. Imaginemos que estamos sentados numa sala de cinema escura e entramos no filme. Agora as luzes acendem-se, embora o filme continue a ser projectado na tela. Mas subitamente estamos fora dele e vemo-lo como movimentos de luz e manchas escuras numa tela.

(Nos sonhos, acontece às vezes termos primeiro a história e depois sermos nós próprios participantes dela. E depois de acordar, após um sonho, é como se às vezes tivéssemos dado um passo para fora do sonho e agora o víssemos diante de nós como uma imagem alheia.) E também significa algo falar de «viver nas páginas de um livro.»

234. O que sucede não é que este símbolo não possa ser passível de mais interpretação, mas: eu não interpreto. Não interpreto, porque me sinto familiarizado com a presente imagem. Quando interpreto, passo de um nível de pensamento a outro.

235. Se vir o símbolo pensado 'de fora', torno-me consciente de que ele se *poderia* interpretar de uma ou outra forma; se se trata de um passo no decurso dos meus pensamentos, então é uma paragem que me é natural, e a sua posterior possibilidade de interpretação não me ocupa (ou preocupa). Tal como ter uma tabela e utilizá-la, sem me preocupar com o facto de que uma tabela é susceptível de várias interpretações.

236. Se tento descrever o processo da intenção, sinto antes do mais que esta pode apenas realizar o que deve quando contém uma imagem extremamente fiel daquilo que intenta. Mas, mais ainda, que também isso não chega, porque uma imagem, seja qual for, pode interpretar-se de modos diferentes; por este motivo, esta imagem está também, por seu lado, isolada. Quando se olha para a imagem, por si só, subitamente ela está morta, e é como se algo dela tivesse sido retirado, algo que lhe haveria dado vida anteriormente. Não é um pensamento, nem uma intenção; seja qual for o acompanhamento que imaginemos para ela, processos articulados ou não articulados, ou qualquer sentimento, mantém-se isolada, não remete a partir de si para uma realidade externa.
Agora dizemos: «Claro, não é a imagem que intenta, nós é que intentamos algo com ela.» Mas se este intentar, este significar, é por seu lado algo que é realizado com a imagem, então não vejo por que é que isso tem de estar conexo com o ser humano. O processo de digestão também se pode estudar como um processo químico, independentemente de se realizar ou não num ser vivo. Queremos dizer «O acto de significar é sem dúvida essencialmente um processo mental, um processo da vida consciente, não da matéria morta.» Mas o que dá a tal coisa o carácter específico do que ocorre? — desde que pense-

mos nele enquanto processo. E agora parece que intentar não poderia ser de modo algum um processo. — Porque o que não nos satisfaz aqui é a gramática do *processo,* não o tipo específico do processo. — Poderia dizer-se: deveríamos chamar a qualquer processo «morto» neste sentido.

237. Quase poderíamos dizer: «O significado *move-se,* enquanto todo o processo se mantém parado.»

238. Diz-se: como é que estes gestos, esta forma de segurar a mão, esta imagem, são o desejo de que tal e tal seja o caso? Nada mais é do que uma mão sobre uma mesa e ali está ela, só e sem *sentido.* Tal como um pequeno fragmento de um cenário de produção de uma peça, que foi abandonado numa sala. Só possuía vida na peça.

239. «Naquele momento, o pensamento estava perante o meu espírito.» — E como? — «Tinha esta imagem.» — Então a imagem era o pensamento? Não; pois se eu tivesse comunicado a alguém a imagem, ele não teria recebido o pensamento.

240. A imagem era a chave. Ou *parecia* uma chave.

241. Imaginemos uma história figurativa em imagens esquemáticas e, portanto, assemelhando-se mais à narrativa numa linguagem do que a uma série de imagens realistas. Utilizando uma linguagem de imagens poderíamos em particular, por exemplo, segurar o curso das batalhas. (Jogo de linguagem.) E uma frase da nossa linguagem de palavras aproxima-se, muito mais do que se pensa, de uma imagem desta linguagem figurativa.

242. Lembremo-nos também de que não precisamos de traduzir tais imagens em imagens realistas de forma a podermos «compreendê-las», não mais do que precisamos de traduzir fotografias ou imagens de filmes em imagens coloridas, embora homens ou plantas a preto e branco na realidade nos parecessem indescritivelmente estranhos e medonhos.

Suponhamos que dizíamos agora: «Uma imagem só é algo numa linguagem de imagens»?

243. Sem dúvida, leio uma história e não quero saber para nada de nenhum sistema de linguagem. Leio simplesmente, tenho impressões, vejo imagens no meu espírito, etc... Deixo a história passar à minha frente como se se tratasse de imagens, como uma história desenhada. (Claro que não pretendo com isto dizer que cada frase provoca uma ou mais imagens visuais, e que é esta a finalidade de uma frase.)

244. «As frases servem para descrever como são as coisas», pensamos nós. A frase como *imagem*.

245. Compreendo exactamente a imagem, poderia modelá-la em barro. — Compreendo exactamente esta descrição, poderia dela fazer um desenho.
Em muitos casos, poderíamos estipular, como critério de compreensão, que importaria ser capaz de representar o sentido de uma frase num desenho. (Estou a pensar num teste de compreensão oficialmente instituído.) Como se é examinado na leitura de mapas, por exemplo?

246. E a imagem significativa é aquela que não pode apenas ser desenhada, mas também representada plasticamente. E dizer isto faria sentido. Mas o pensar na frase não é uma actividade que se faça a partir das palavras (como, por exemplo, cantar a partir de notas). O exemplo seguinte mostra-nos isso. Fará sentido dizer «tenho tantos amigos como o número produzido pela solução da equação...»? Não se pode imediatamente ver se isto faz sentido, a partir da equação. E assim, enquanto se está a ler a frase, não se sabe se se pode ou não pensar isso. Se pode ou não ser compreendido.

247. Pois, que significa «descobrir que uma frase não tem sentido»?
E que significa: «se intento dizer alguma coisa com ela, certamente que tem sentido»?

A primeira possivelmente significa: não ser induzido em erro pela aparência de uma frase e investigar a sua aplicação no jogo de linguagem.

E «se intento dizer alguma coisa com ela» — será que isto quer dizer algo *como:* «se consigo imaginar algo relacionado com ela»? — Uma imagem leva frequentemente a aplicações posteriores.

248. (Algo que à primeira vista parece uma frase, mas não é.) A seguinte proposta para a construção de um cilindro. O motor encontra-se no interior do cilindro oco. A cambota passa pelo meio do cilindro e, nas duas extremidades, está ligada por raios às paredes do cilindro. O cilindro do motor está fixado ao interior do cilindro. À primeira vista, esta construção parece uma máquina. Mas trata-se de um sistema rígido, e o pistão não pode mover-se para dentro e fora do cilindro. Privámo-lo de todas as possibilidades de movimentação e não o sabemos.

249. «Nada mais fácil do que imaginar um cubo quadridimensional! Parece-se com o seguinte ([1]):

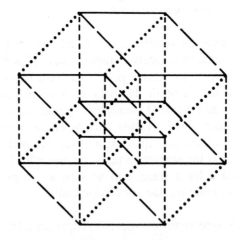

([1]) No original, não existe um desenho neste lugar; o leitor pode imaginar algo adequado. De entre várias possibilidades, escolhemos o desenho do Dr. R. B. O. Richards. Eds.

Mas não quero dizer assim, mas antes

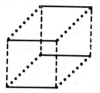

só com quatro dimensões! — «Mas, o que te mostrei *não é* como

apenas com quatro dimensões?» — Não; *não quero* dizer isso! — Mas que quero eu dizer? Qual é a minha imagem? Bem, *não* é o cubo quadridimensional, tal como o desenhaste. Tenho agora como imagem apenas as *palavras* e a rejeição de tudo o que me possas mostrar.

250. As rosas são vermelhas no escuro? — Pode pensar-se na rosa como vermelha no escuro.
(O facto de se poder 'imaginar' algo não significa que tenha sentido dizê-lo.)

251. «A suposição de que esta pessoa — que age normalmente — é no entanto cega, decerto faz sentido!» — Isto quer dizer: 'é, afinal, uma suposição.' 'Certamente posso, na realidade, supor tal coisa.' E isto quer dizer: faço para mim uma imagem da coisa que suponho. Muito bem: mas poder-se-á ir mais longe? Se, noutras circunstâncias, suponho que alguém é cego, nunca confirmo se esta suposição tem na verdade sentido. E o facto de realmente supor algo, ter uma imagem, quando faço a suposição, não desempenha qualquer papel neste caso. Esta imagem apenas se torna importante aqui, onde é, por

assim dizer, o único ponto de apoio para o facto de eu ter feito uma suposição. É tudo o que resta da suposição.

252. «Posso facilmente imaginar alguém que assim age e, no entanto, nada de vergonhoso encontro na sua acção.» — Segue-se uma descrição de como isto se deve imaginar.
«Posso imaginar uma sociedade humana em que seja considerado desonesto calcular, a não ser que seja como passatempo.» Isto quer mais ou menos dizer: poderia facilmente preencher esta imagem com mais pormenores.

253. «Na realidade, nunca vi uma mancha preta tornar-se gradualmente mais clara até ficar branca e, em seguida, de branca tornar-se cada vez mais avermelhada, até ficar vermelha. Mas sei que isto é possível, porque posso imaginá-lo.

254. (Quando se fala com alguém acerca da divisão do tempo, acontece frequentemente puxar-se do relógio, não para ver as horas, mas para ajudar a formar uma imagem da divisão que está a ser considerada.)

255. Como se pode aprender a verdade pensando? Da mesma forma que se pode aprender a ver melhor um rosto, se o desenharmos.

256. Os filósofos que pensam ser possível fazer, por assim dizer, no pensamento uma extensão da experiência, deveriam pensar em que é possível transmitir uma conversa, mas não o sarampo, pelo telefone.
Nem tão-pouco posso experimentar o tempo como limitado, quando o desejo, ou o meu campo visual como homogéneo, etc. [1]

257. Seria possível descobrir uma *nova* cor? Com efeito, um daltónico está na mesma situação que nós, as suas cores

---

[1] Ver *Philosophische Bemerkungen*, § 66. Eds.

formam um sistema tão completo como o nosso; não vê nenhumas lacunas onde as outras cores se situariam.
(Comparação com a matemática.) (¹)

258. Na lógica, a generalidade não pode estender-se para além do que a nossa previsão lógica alcança. Ou melhor ainda: do que a nossa visão lógica alcança.

259. «Mas como pode o entendimento humano ultrapassar a realidade e *pensar* o inverificável? — Por que não *dizemos* o inverificável? Porque nós mesmos o fizemos inverificável.
Suscita-se uma falsa *aparência?* E como pode *parecer* tal? Pois não quererás tu dizer que isto *assim* não é uma descrição? Bem, então não é também uma *falsa* aparência, mas antes uma aparência que nos priva da nossa orientação. De forma que franzimos as sobrancelhas e perguntamos: como é isto possível?

260. Só aparentemente é possível «transcender cada experiência possível»; mais ainda, estas palavras só parecem ter sentido porque são construídas a partir da analogia com expressões com significado.

261. A «filosofia do como se» assenta totalmente, neste equívoco entre analogia e realidade.

262. «Mas eu não posso antecipar a realidade nos meus pensamentos, utilizando palavras para captar algo que *não conheço.*»
(Nihil est in intellectu...)
Como se eu pudesse, por assim dizer, rodear e abordar por trás o pensamento, e assim vislumbrar algo que é impossível ver pela frente.»

263. Por conseguinte, há algo de correcto no facto de se dizer que a imaginabilidade é um critério para a absurdidade.

(¹) Ver *Philosophische Bemerkungen*, § 95. Eds.

264. Supõe que alguém dizia: «Não consigo imaginar o que é para alguém ver uma cadeira, excepto precisamente quando eu a *vejo*»? Teria ele o direito de dizer isto?

265. *Tenho direito* de dizer: «Não posso ver | | | | | | | | | | como uma forma»? O que me dá o direito de o dizer? (O que dá o direito ao cego de dizer que não pode ver?)

266. Podes imaginar o ouvido absoluto, se não o possuíres? — Podes imaginá-lo, *se* o tiveres? — Um cego pode imaginar ver? Posso *eu* imaginá-lo? — Posso eu imaginar reagir espontaneamente desta e daquela forma, se não o fizer? Posso imaginá-lo melhor, se o fizer? ((Pertence à questão: posso imaginar alguém ver | | | | | | | | | | como uma forma articulada.))

267. Deverá ser um facto empírico que alguém que tenha tido uma vivência a possa imaginar e que outra pessoa *não* possa? (Como sei que um cego pode imaginar cores?) Mas: ele não pode fazer um jogo de linguagem (não pode aprendê-lo). Mas como: é algo de empírico ou é *eo ipso?* O último.

268. Que diríamos a alguém que afirmasse que podia imaginar exactamente o que é ter um ouvido absoluto, sem o ter?

269. Se achamos que podemos imaginar um espaço quadridimensional, por que não também cores quadridimensionais, isto é, cores que, para além do grau de saturação, matiz e brilho, permitissem uma quarta determinação? ([1])

270. «Como é que pode ter sentido falar de um tipo de percepção sensorial que é totalmente nova para mim, e que terei talvez um dia? Se é que não queres falar de um *órgão* dos sentidos.»

271. Para que serve uma frase assim: «Não podemos de

([1]) Ver *Philosophische Bemerkungen,* § 66. Eds.

maneira nenhuma imaginar as sensações de um equilibrista como Rastelli»?

272. «Faz sentido falar de um renque infindável de árvores; posso certamente imaginar uma fila de árvores que se prolongue infinitamente.» Isto quer dizer aproximadamente o seguinte: se tem sentido dizer que a fila de árvores termina aqui, então faz sentido dizer [nunca termina] ([1]). Ramsey costumava responder a tais questões: «Mas, *justamente,* é possível pensar tal coisa.» Algo, talvez, como quando se diz: «A tecnologia realiza hoje coisas que tu nem consegues imaginar.» — Bem, aqui temos de descobrir *o que* estás a pensar. (Que asseveres que esta frase pode ser *pensada* — que posso eu fazer com isso? Não é o que está em causa. O seu objectivo não é originar uma névoa no teu espírito.) *O que* tu queres dizer — como descobri-lo? Temos de examinar pacientemente como é que esta frase se deve utilizar. Com que se parecem as coisas *à sua volta.* Então o seu sentido mostrar-se-á.

273. Hardy: «Que 'o finito não pode compreender o infinito' devia decerto ser um grito de guerra teológico e não matemático.» É verdade, a expressão é inapta. Mas o que as pessoas querem dizer com isso é: «Deve haver aqui algo de misterioso! De onde surge este salto do finito para o infinito?» E a expressão não é assim tão disparatada — só que o 'finito' que não consegue conceber o infinito não é o 'homem' ou 'o nosso entendimento', mas o cálculo. E *como* este concebe o infinito vale bem uma investigação. Pode comparar-se à forma como um contabilista contratado investiga e clarifica exactamente a gestão de uma empresa de negócios. O objectivo é uma descrição comparativa e sinóptica de todas as aplicações, ilustrações e concepções do cálculo. A avaliação completa de tudo o que possa originar falta de clareza. E esta avaliação tem de cobrir um vasto domínio, porque as raízes das nossas ideias estendem-se longamente.» O finito não pode

---

([1]) Conjectura dos Editores.

compreender o infinito» quer aqui dizer: Não funciona *da forma* como tu, com uma superficialidade característica, o caracterizas.

O pensamento pode, por assim dizer, *voar,* não precisa de andar. Não compreendes as tuas próprias transacções, isto é, não tens uma visão sinóptica delas, e como que projectas a tua falta de compreensão na ideia de um meio em que as coisas mais iassombrosas são possíveis.

274. O 'finito real' é uma 'mera palavra'. Seria melhor dizer: por agora, esta expressão apenas produz uma imagem — que ainda está suspensa no ar: e cuja aplicação tu nos deves.

275. Uma fila infinitamente longa de berlindes, um pau infinitamente longo. Imagina que eles surgem num tipo de conto de fadas. Que aplicação — mesmo se apenas fictícia — se poderia fazer deste conceito? Não perguntemos agora, «poderá tal coisa existir?», mas «o que imaginamos?» Dá rédea livre à tua imaginação. Podes agora ter as coisas da forma que escolheres. Só precisas de dizer *como* as queres. Portanto, faz (apenas) uma imagem verbal, ilustra-a como quiseres — através de desenhos, comparações, etc.! Deste modo, podes — por assim dizer — preparar um esboço. Permanece ainda a questão de como trabalhar a partir dela.

276. Creio que vejo um desenho muito delicado, uma série; que apenas necessita de «etc.», para alcançar a infinidade.

«Vejo nele uma característica particular.» — Bem, talvez algo que corresponda à expressão algébrica. — «Sim, só que não é nada de escrito, mas formalmente algo de etéreo.» — Que imagem estranha. — «Algo que não é a expressão algébrica, algo para o qual esta é apenas a *expressão*.» [1]

---

[1] Ver *Philosophische Bemerkungen,* § 299. Eds.

277. Vejo nele uma coisa — como uma forma num quebra-cabeças de imagens. E se vejo isto, digo «É de quanto preciso.» — Quem vê o poste de sinalização, não vaià procura de mais instruções? — *anda*. (E se em vez de «*anda*» eu dissesse «passa por ele», a diferença entre as duas expressões poderia ser apenas que a segunda atende a certos acompanhamentos psicológicos.)

278. O que quer dizer: uma linha recta pode ser arbitrariamente prolongada? Não há aqui um «e etc. *ad inf.*», inteiramente diferente do da indução matemática? Segundo o que se disse anteriormente, existiria a expressão para a possibilidade de prolongamento da linha, no sentido da descrição da parte prolongada ou do prolongamento. À primeira vista, não parece aqui tratar-se de números. Posso imaginar o lápis que desenha a linha, continuar o seu movimento e prosseguir sempre assim. Mas pode também pensar-se que não há possibilidade de acompanhar este processo com um processo contável? Penso que não.

279. Quando é que dizemos: «A linha inspira-me isto *como regra* — sempre o mesmo»? E, por outro lado: «Continua a inspirar-me o que tenho de fazer — não é uma regra»?
No primeiro caso, o pensamento é: não tenho mais nenhuma instância para o que tenho de fazer. A regra fá-lo sozinha: apenas tenho de lhe obedecer (e obedecer é *uma* coisa!) Não sinto, por exemplo: é estranho que a linha me diga sempre alguma coisa. — A outra frase diz: não sei o que vou fazer; a linha dir-me-á.

280. Poder-se-ia imaginar alguém a multiplicar, a multiplicar correctamente, com tais sentimentos; continua a dizer «Não sei — agora a regra, subitamente, inspira-me *isto!*» — e nós respondemos «Claro; procedes segundo a regra».

281. Dizer que os pontos fornecidos por esta experiência residem aproximadamente nesta linha, por exemplo, numa li-

nha recta, quer dizer algo como: «Vistos à distância, parecem estar sobre uma linha recta.»

Posso dizer que um traço suscita a impressão geral de uma linha recta; mas não o posso dizer desta linha

embora fosse possível vê-la como um bocado de uma linha mais longa em que os desvios da linha recta se tivessem perdido. Não posso dizer: «Este bocado de linha parece recto, porque pode ser um bocado de uma linha que, enquanto todo, me dá a impressão de ser recta.» (Montanhas na Terra e na Lua. Terra uma bola.) ([1])

282. «Inspira-me isto ou aquilo, irresponsavelmente» quer dizer: não posso ensinar-te *como* sigo a linha. Não pressuponho que a segues como eu, mesmo quando a segues.

283. Que significa compreender que algo é uma ordem, mesmo que não se compreenda a ordem em si mesma? («Ela quer dizer: eu devo fazer algo — mas não sei *o que* quer.»)

284. A frase «Tenho de compreender a ordem antes de a poder executar» faz sentido: mas não um sentido metalógico.

285. A ideia que se tem de compreensão nesta perspectiva é mais ou menos que, através dela, se faz uma aproximação, das palavras para a execução. — Em que sentido é isto correcto?

286. «Mas tenho de compreender uma ordem de forma a ser capaz de agir de acordo com ela.» Aqui o *«tenho»* é suspeito.

Pensa também na questão: «Quanto tempo antes de obedeceres tens de compreender a ordem?»

287. «Não posso cumprir a ordem, porque não compreendo o que queres dizer. — Sim, agora compreendo-te.» — Que

---

([1]) Ver *Philosophische Bemerkungen*, § 235, 236. Eds.

aconteceu quando, de repente, o compreendi? Havia aqui várias possibilidades. Por exemplo, a ordem poderia ter sido dada com uma ênfase errada; e subitamente veio-me à mente a ênfase correcta. Neste caso, deveria dizer a um terceiro «Agora compreendo-o, ele quer dizer...» e deveria repetir a ordem com a ênfase correcta. E agora, com a ênfase correcta, deveria compreendê-lo; isto é, agora, não tinha de alcançar ainda mais um *sentido* (algo de *exterior* à frase, portanto etéreo), mas o som familiar das palavras alemãs chega-me perfeitamente. — Ou a ordem foi-me dada num alemão compreensível, mas parecia-me absurda. Ocorre-me então uma explicação; e agora posso cumpri-la. — Ou podem ter-me atravessado a mente várias interpretações e, finalmente, decido-me por uma delas.

288. Se a ordem *não* for executada — onde está, nesse caso, a sombra da sua execução, que pensas ver; porque a forma: «Ele ordenou *isto e aquilo*» te ocorreu vagamente.

289. Se as conexão do sentido se pode estabelecer *antes* da ordem, então igualmente depois da ordem.

290. «Ele fez *o que* eu lhe ordenei.» — Por que não dizer aqui: Existe uma identidade entre a acção e as PALAVRAS?! Por que interpor uma sombra entre as duas? Na verdade, temos um método de projecção. — Mas, aqui, há uma identidade diferente em: «Eu fiz o que ele fez» e em: «Eu fiz o que ele ordenou.»

291. As linhas de projecção podiam denominar-se «a ligação entre a imagem e o que ela representa»; mas, igualmente, a técnica de projecção.

292. A ambiguidade das nossas formas de expressão: Se uma ordem nos fosse dada em código, com a chave da sua versão para alemão, poderíamos caracterizar o processo de construir a forma alemã da ordem com as palavras: «derivar do código o que temos de fazer» ou «derivar o que é a execução da ordem». Se, por outro lado, agimos de acordo com a

ordem, obedecemos-lhe, pelo que também aqui, em certos casos, se pode falar de uma derivação da execução.

293. Dou as regras de um jogo. O outro faz um lance, inteiramente de acordo com as regras e cuja possibilidade eu não tinha previsto, e que estraga o jogo, isto é, da forma como tinha querido que fosse. Agora tenho de dizer: «Dei regras más; tenho de mudar ou talvez acrescentar às regras que fiz.»
Tenho então assim previamente uma imagem do jogo? Num sentido, sim.
Foi certamente possível, por exemplo, não ter previsto que uma equação de segundo grau pode não ter uma raíz real.
Deste modo, a regra conduz-me a algo do qual digo: «Não esperava este padrão: imaginei uma solução sempre *assim*...»

294. Num caso, fazemos um lance num jogo existente; no outro, estabelecemos uma regra do jogo. Mover uma peça podia conceber-se destas duas maneiras: como um paradigma para lances futuros, ou como um lance num jogo real.

295. Tens de te lembrar de que pode existir um jogo de linguagem, tal como 'continuar uma série de algarismos' em que não se forneça nenhuma regra, nenhuma expressão de uma regra, mas a aprendizagem acontece *apenas* através de exemplos. Pelo que a ideia de que cada passo deverá ser justificado por algo — uma espécie de padrão — no nosso espírito, seria completamente estranha a essas pessoas.

296. Que esquisito: Parece que uma forma física (mecânica) de direcção poderia falhar e admitir algo de imprevisto, mas uma regra não! Como se a regra fosse, por assim dizer, a única forma segura de direcção. Mas em que consiste o facto de uma direcção não permitir um movimento, e de uma regra também não o permitir? — Como se conhece uma e outra coisa?

297. «Como é que faço para utilizar sempre uma palavra correctamente, *i. e.*, com sentido; tenho de estar sempre a con-

sultar uma gramática? Não; é o facto de querer dizer algo — o que quero dizer obsta a que diga disparates.» — «Quero dizer algo com as palavras» significa aqui: *Sei* que consigo aplicá--las.

Posso no entanto pensar que consigo aplicá-las e vir a revelar-se que me enganei.

298. Daqui não se segue que a compreensão seja a actividade através da qual mostramos que compreendemos. Induz em erro perguntar se é esta actividade. A questão não pode pôr-se *assim:* «A compreensão é então *esta* actividade — não é, porém, uma *outra* diferente?» — Mas antes deste modo: «'Compreensão' utiliza-se para designar esta actividade — o seu uso não é *diferente?*»

299. Dizemos: «Se realmente seguires a regra na multiplicação, TEM de dar o mesmo.» Bem, se se trata apenas do estilo levemente histórico do discurso universitário, não precisa de nos interessar particularmente. É, no entanto, a expressão de uma atitude perante a técnica da multiplicação, que aparece por todo o lado nas nossas vidas. A ênfase do 'tem' corresponde apenas à inexorabilidade desta atitude, não apenas em relação à técnica de calcular, mas também em relação a inúmeras práticas análogas ([1]).

300. Com as palavras «*Este* número é a continuação correcta desta série», posso levar a que, no futuro, alguém chame a isto e àquilo «continuação correcta». O que é 'isto e aquilo' apenas o posso mostrar com exemplos. Isto é, ensino-o a continuar uma série (série básica), sem utilizar qualquer expressão da 'lei das séries'; em vez disso, estou a formar um substrato para o significado de regras algébricas ou para o que se lhes assemelha.

301. Ele tem de continuar assim *sem um motivo*. Não é,

([1]) Ver *Bemerkungen über die Grundlagen der Mathematik* V — § 46. Eds.

no entanto, porque não consiga apreender ainda o motivo, mas porque — *neste* sistema — não existe um motivo. («A cadeia de motivos acaba.»)

E este *assim* (em «continuar assim») é designado por um número, um valor. Com efeito, a *este* nível, a expressão da regra é explicada pelo valor, e não o valor pela regra.

302. Pois, onde se diz «Mas não *vês*...?» a regra não serve para nada, ela é o explicado e não o que explica.

302. «Ele capta a regra intuitivamente.» — Mas porquê a regra? E não, como deve ele continuar?

304. «Logo que ele tenha visto a coisa certa, a das infinitamente muitas referências de que tenho tentado aproximá-lo — logo que ele a tenha captado, continuará a série sem detenças. Admito que ele possa apenas adivinhar (adivinhar intuitivamente) a referência a que me refiro — mas logo que o tenha feito, a partida está ganha.» Mas esta 'coisa certa' que eu quero dizer não existe. A comparação é errada. Não há aqui, por assim dizer, uma roda que ele possa agarrar, a máquina certa que, uma vez escolhida, o conduza automaticamente. Pode dar-se o caso de que algo de parecido aconteça no nosso cérebro, mas não é isso que nos interessa.

305. «Faz o mesmo.» Mas, ao dizer isto, tenho de apontar para a regra. Assim a sua *aplicação* já tem de ter sido aprendida. Pois, de outro modo, que significado terá para ele a sua expressão?

306. Adivinhar o significado de uma regra, alcançá-lo intuitivamente, poderia decerto significar apenas: adivinhar a sua *aplicação*. E isso não pode agora querer dizer: adivinhar o *tipo*, a *regra* da sua aplicação. E não se trata aqui de adivinhar.

307. Podia, por exemplo, adivinhar qual a continuação que dará prazer ao outro (pela sua expressão, talvez). A apli-

cação de uma regra só pode adivinhar-se quando já existe uma escolha entre aplicações diferentes.

308. Podíamos também neste caso imaginar que, em vez de 'adivinhar a aplicação da regra', ele a *inventa*. Bem, com que se pareceria isto? Deve talvez dizer: ««Seguir a regra + 1» poderia querer dizer 1, 1 + 1, 1 + 1 + 1, etc.»? Mas que quer ele dizer com isso? Porque o «etc.» pressupõe que já se domina a técnica.
Em vez de «etc.» ele podia também ter dito: «Agora já sabes o que quero dizer.» E a sua explicação seria apenas uma *definição* da expressão «seguir a regra + 1». *Isto* teria sido a sua 'descoberta'.

309. Copiamos os algarismos de 1 a 100, digamos, e esta é a forma como *deduzimos, pensamos*.
Podia dizer assim: Se copiar os algarismos de 1 a 100 — como sei que obterei uma série de algarismos que está correcta, quando os conto? E aqui, *o que é* um controlo sobre *o quê?* Como devo aqui descrever o facto empírico importante? Devo dizer que a experiência ensina a que conte sempre da mesma maneira? Ou que nenhum dos algarismos se perde ao copiar? Ou que os algarismos ficam no papel como são, mesmo quando não olho para eles? Ou *todos* estes factos? Ou devo simplesmente dizer que não arranjemos complicações? Ou que quase sempre tudo nos parece certo?
É *assim* que pensamos. É *assim* que agimos. É *assim* que falamos sobre isso.

310. Imagina que tinhas de descrever como os humanos aprendem a contar (no sistema decimal, por exemplo). Descreves o que diz e faz o professor e como reage o aluno. O que o professor diz e faz incluirá, por exemplo, palavras e gestos que devem encorajar o aluno a continuar a sequência; e também expressões como «Agora ele pode contar». Deveria a descrição, que dou do processo de ensinar e aprender, incluir, para além das palavras do professor, o meu próprio juízo: o aluno pode agora contar, ou: o aluno compreendeu agora o

sistema numeral? Se não incluir este juízo na descrição — fica incompleta? E se o incluir, estou a ir além da pura descrição? — Posso abster-me de tal juízo, dando como razão: «*Isto é tudo o que acontece*»?

311. Não deverei antes perguntar: «Que faz a descrição, em geral? Que objectivo serve?» — Noutro contexto, sabemos, na verdade, o que é uma descrição completa ou incompleta. Interroga-te: Como utilizamos as expressões «descrição completa» e «incompleta»?

Reproduzir uma conversa completa (ou incompleta). Faz parte do relato o tom da voz, o jogo de expressões, a genuinidade ou falsidade dos sentimentos, as intenções do falante, o esforço de falar? Se isto ou aquilo pertence a uma descrição completa depende do objectivo da descrição, daquilo que o receptor faz com a descrição.

312. A expressão «isto é tudo o que *acontece*» um traça limite sobre o que chamamos «acontecer».

313. É enorme a tentação de dizer algo mais, quando tudo já foi descrito. — De onde surge esta pressão? Que analogia, que falsa interpretação a produz?

314. Embatemos aqui num fenómeno notável e característico na investigação filosófica: a dificuldade — podia eu dizer — não está em encontrar a solução, mas em reconhecer como solução algo que parece ser apenas um preliminar. «Já dissemos tudo. — Não algo que resulta daqui, não, *esta* é a própria solução!»

Isto relaciona-se, penso eu, com a nossa expectativa errada de uma explicação, enquanto a solução da dificuldade é uma descrição, se lhe dermos a devida ordem nas nossas considerações. Se nos detivermos nela e não a tentarmos ultrapassar.

A dificuldade aqui é: parar.

315. «Por que exiges explicações? Se te forem dadas, estarás uma vez mais perante um final. Elas não te farão avançar para além do ponto em que estás agora.»

316. Um objecto vermelho pode usar-se como amostra para pintar um branco avermelhado ou um amarelo avermelhado (etc.) — mas poderá também usar-se como amostra para pintar um tom de verde azulado? — E como seria, se eu visse alguém, com todos os sinais exteriores de fazer uma cópia exacta, 'reproduzir' uma mancha vermelha em verde azulado? — Diria: «Não sei como ele está a fazer!» Ou mesmo «Não sei *o que* ele está a fazer.» — Mas supondo que ele agora 'copiava' este tom de vermelho em verde azulado em várias ocasiões, e talvez outros tons de vermelho sistematicamente em outros tons de verde azulado — devia agora dizer que ele está a copiar ou que não está a copiar?
Mas o que quer dizer que não sei 'o que ele está a fazer'? Pois não posso ver o que ele está a fazer? — Mas não posso ver *para dentro dele.* — Evita a comparação! Supõe que o vejo copiar vermelho como vermelho — o que sei aqui? Sei *como* o faço? Claro que se diz: «Estou só a pintar a *mesma* cor.» — Mas supõe que ele diz: «E eu estou a pintar a *quinta* desta cor»? Verei um processo de mediação especial quando *eu* pinto a 'mesma' cor?
Supõe que o conheço como um homem honesto; ele reproduz um vermelho, como descrevi, por um verde azulado — mas agora *não* sempre o mesmo tom pelo mesmo tom, mas às vezes um, outras vezes outro. — Devo dizer «Não sei o que ele está a fazer?» — Ele faz o que eu posso ver — mas eu nunca o faria; não sei por que o faz; o seu procedimento 'é incompreensível para mim'.

317. Podíamos imaginar um retrato negativo, isto é, um que *deva* representar aquilo com o que o Sr. N *não* se parece (e assim é um mau retrato se se parecer com N).

318. Não consigo descrever como (em geral) aplicar regras, excepto *ensinando-te, treinando*-te a aplicar regras.

319. Posso, por exemplo, ter um filme sonoro de tal ensino. O professor dirá, às vezes, «Está certo». Se o aluno lhe perguntar «Porquê?» — ele não dará qualquer resposta, ou pe-

lo menos nada dirá de relevante, nem mesmo: «Bem, porque todos o fazemos assim»; não será esta a razão.

320. Por que não chamo às regras de cozinha arbitrárias e sou tentado a chamar às regras de gramática arbitrárias? Porque 'cozinhar' se define pelo seu fim, enquanto 'falar' não. Por isso, o uso da linguagem é autónomo num certo sentido em que cozinhar e lavar não são. Cozinhas mal, se te guiares por regras que não são as correctas; mas se seguires regras que não são as do xadrez estás a *jogar outro jogo;* e se seguires outras regras gramaticais que não sejam tais e tais, nem por isso dizes algo de errado, mas estás a falar de outra coisa.

321. Quando uma regra, que diz respeito a uma palavra da frase, é anexada à frase, o sentido não é alterado.

322. A língua não se define para nós como uma organização que realiza um determinado objectivo. A «lingua» é antes um nome para uma colecção e entendo-a como incluindo o alemão, o inglês, etc., e ainda vários sistemas de signos que têm mais ou menos afinidades com estas línguas.

323. Conhecermos muitas línguas obsta a que tomemos muito a sério uma filosofia que assente nas formas de qualquer uma. Mas aqui estamos cegos perante o facto de que nós mesmos temos fortes preconceitos a favor e contra certas formas de expressão; que esta acumulação peculiar de várias línguas suscita para nós uma determinada imagem.

324. Uma criança aprende só a falar, ou também a pensar? Aprende o sentido da multiplicação *antes* — ou *depois* de aprender a multiplicação?

325. Como cheguei ao conceito 'frase' ou 'língua'? Certamente apenas através das línguas que aprendi. — Mas, num certo sentido, parecem ter-me levado para além de si mesmas, porque sou agora capaz de construir uma nova língua, por exemplo, inventar palavras. — Por conseguinte, esta constru-

ção também pertence ao conceito de língua. Mas apenas porque é assim que quero estabelecer o conceito.

326. O conceito de ser vivo tem a mesma indeterminação do de língua.

327. Compara: inventar um jogo — inventar uma língua — inventar uma máquina.

328. Em filosofia, é significativo que tal e tal frase não faça sentido; mas também que ela soe de um modo cómico.

329. Faço um plano, não só para me fazer compreender, mas também para clarificar o assunto perante mim mesmo. (Isto é, a linguagem não é apenas um meio de comunicação.)

330. Que significa dizer: «Mas já não é o mesmo jogo!» Como utilizo esta frase? Como informação? Bem, talvez para introduzir alguma informação em que as diferenças são enumeradas e as suas consequências explicadas. Mas também para exprimir que, precisamente por essa razão, não tomo parte nele ou que pelo menos assumo uma atitude diferente perante esse jogo.

331. É-se tentado a justificar regras de gramática através de frases como: «Mas há na realidade quatro cores primárias». E dizer que as regras da gramática são arbitrárias dirige-se contra a possibilidade desta justificação, construída sobre o modelo da justificação de uma frase por meio da indicação do que a verifica.
Mas não poderá dizer-se que, num certo sentido, a gramática das palavras de cores caracteriza o mundo tal como ele realmente é? Gostaríamos de dizer: Não posso procurar em vão uma quinta cor primária? Não se reúnem as quatro cores primárias por existir uma semelhança entre elas, ou pelo menos, não se juntam as *cores,* contrastando-as, por exemplo, com formas ou notas, porque existe uma semelhança entre elas? Ou, quando estabeleço isto como a forma correcta de di-

visão do mundo, não tenho já uma ideia preconcebida na minha cabeça, como um paradigma? Da qual posso, nesse caso, apenas dizer: «Sim, é essa a forma como olhamos para as coisas», ou «Apenas queremos formar uma tal imagem.» Pois se disser: «Existe uma semelhança determinada entre as cores primárias» — de onde derivo esta ideia de semelhança? Assim como a ideia de 'cor primária' não é mais do que 'azul ou vermelho ou verde ou amarelo' — não será também o conceito de semelhança dado simplesmente através das quatro cores? Na verdade, não são as mesmas? — «Poder-se-ia então reunir vermelho, verde e circular?» — Por que não?!

332. Não penses que tens em ti o conceito de cor, porque olhas para um objecto colorido — seja qual for a forma como olhas.

(Como também não possuis o conceito de um número negativo, porque tens dívidas.)

333. «O vermelho é algo de específico» — isto teria de significar o mesmo que: «*Aquilo* é algo de específico» — dito ao mesmo tempo que se aponta para algo vermelho. Mas para que fosse inteligível, teríamos já de querer dizer o nosso conceito 'vermelho', de querer significar o uso daquele exemplo.

334. Posso, de facto, obviamente expressar uma expectativa uma vez com as palavras «Espero um círculo vermelho» e, noutra vez mediante uma imagem colorida de um círculo vermelho no lugar das últimas palavras. Mas, nesta expressão, não há duas coisas correspondentes às duas palavras separadas «círculo» e «vermelho». Por conseguinte, a expressão na segunda linguagem é de um *tipo completamente diferente*.

335. Poderia existir outra linguagem, além desta última, em que 'círculo vermelho' se expressasse pela justaposição de um círculo e de uma mancha vermelha.

336. Se tenho também dois signos comigo, a expressão

«círculo vermelho» e a imagem colorida, ou representação, do círculo vermelho, então a questão poderia certamente ser: como é que uma palavra se correlaciona com a forma, e a outra com a cor?

Com efeito, parece possível dizer-se: uma palavra chama a atenção para a cor, a outra para a forma. Mas que quer isto dizer? Como podem estas palavras ser traduzidas para esta imagem?

Ou ainda: se a palavra «vermelho» me traz à memória uma cor, tem de estar decerto ligada a uma forma; nesse caso, como posso abstraír da forma?

A questão importante nunca é aqui: como é que ele sabe do que deve abstrair? mas: como é isso possível? ou: que quer dizer?

337. Talvez se torne mais claro, se compararmos *estas* duas linguagens: numa, a frase «círculo vermelho» é substituída por uma placa vermelha e uma placa com um círculo inscrito (por exemplo, preto sobre um fundo branco); e na outra, por um círculo vermelho.

Como se processa aqui a tradução? Alguém olha para a placa vermelha e escolhe um lápis vermelho; depois, para o círculo, e agora faz um círculo com este lápis.

Devia ter-se aprendido antes que a primeira placa determina sempre a escolha do lápis, e a segunda o que devemos desenhar com ele. Assim, as duas placas pertencem a duas partes diferentes do discurso (digamos substantivo e verbo). Mas, na outra linguagem, não haveria nada a que pudéssemos chamar duas palavras diferentes.

338. Se alguém dissesse: «O vermelho é complexo» — não poderíamos adivinhar a que estava a aludir, o que estava a tentar dizer com a frase. Mas se disser «Esta cadeira é complexa», podemos na realidade não saber de que tipo de complexidade está a falar, mas podemos imediatamente pensar em mais de um sentido para esta afirmação.

Para que espécie de facto estou a chamar a atenção aqui?

De qualquer modo, é um facto *importante*. — Não estamos

familiarizados com nenhuma técnica, à qual esta frase pudesse aludir.

339. Descrevemos aqui um jogo de linguagem, *que não podemos aprender*.

340. «Nesse caso, algo de muito diferente deve estar a acontecer com ele, algo de que não temos conhecimento.» — *Isto mostra-nos* aquilo por que determinamos se algo que acontece 'com outro' é diferente ou igual ao que acontece connosco. Mostra-nos *por que nos orientamos* ao julgarmos processos interiores.

341. Podes *tu* imaginar o que um homem cego a vermelho-verde vê? Podes pintar um quadro do quarto, como o vê?
Pode *ele* pintá-lo, tal como o vê? Posso eu então pintá-lo como o vejo? Em que sentido é que posso?

342. «Se alguém só visse cinzento, preto e branco, ter-lhe-ia de ser dada alguma coisa para saber o que é vermelho, verde, etc.» E o que teria de se lhe dar? Bem, cores. Assim, por exemplo, *isto* e *isto* e *isto*. (Imagina, por exemplo, que tinham de se introduzir no seu cérebro modelos coloridos, além dos apenas cinzentos e pretos.) Mas teria isto de acontecer como meio para o fim da acção futura? Ou é que esta acção contém tais modelos? Estarei a tentar dizer: «Algo terá de lhe ser dado porque, caso contrário, é óbvio que ele não poderia...» — ou: O seu comportamento visual *contém* novos elementos?

343. Também: que deveríamos *chamar* a uma «explicação da visão»? Deve dizer-se: Bem, sabes decerto o que normalmente quer dizer «explicação»; emprega então este conceito também aqui.

344. Posso dizer: «Olha para isso! Verás assim que não se pode explicar!» — Ou: «Bebe para dentro de ti a cor vermelha, e depois verás que nunca poderá ser representada por ne-

nhuma outra coisa!» — Se o outro agora concordar comigo, revela isso que ele bebeu o mesmo que eu? — E qual o significado da nossa inclinação para dizer isso? O vermelho parece ali estar, isolado. Porquê? Qual é o *valor* desta aparência, desta nossa inclinação?
Mas poder-se-ia perguntar: para que peculiaridade do conceito aponta esta inclinação?

345. Pensa na frase: «O vermelho não é uma cor mista» e na sua função.
O jogo de linguagem é caracterizado pelo que podemos e não podemos fazer.

346. «Não existe o verde avermelhado» é análogo às frases que usamos como axiomas na matemática.

347. O facto de *calcularmos* com certos conceitos e não com outros só mostra como são variados os instrumentos conceptuais (que poucas razões temos aqui para pressupor uniformidade). [*Nota à margem:* Sobre proposições acerca de cores, análogas às matemáticas, por exemplo, o azul é mais escuro do que o branco. Sobre isto, a Teoria das Cores de Goethe.]

348. «A possibilidade de concordância implica já *uma* concordância.» — Supõe que alguém dizia: «Poder jogar xadrez é uma espécie de jogar xadrez»!

349. É muito difícil descrever rumos de pensamento quando existem já muitas linhas de pensamento — tuas ou de outros —, e não entrar num dos trilhos já pisados. É difícil desviarmo-nos de uma velha linha de pensamento *só um bocadinho*.

350. «É como se os nossos conceitos estivessem condicionados por um andaime de factos.»
Isto significaria: Se imaginares de outro modo certos factos, os descreveres de um modo diferente do que eles são, então deixas de poder imaginar a aplicação de certos conceitos,

porque as regras da sua aplicação não têm análogo nas novas circunstâncias. — Assim, o que estou a dizer reduz-se a *isto:* Uma lei é dada aos homens, e um jurista pode bem ser capaz de tirar consequências para cada caso que normalmente lhe aparece; deste modo, a lei tem evidentemente uso, e faz sentido. Todavia, a sua validade pressupõe todo o tipo de coisas; e se o ser que ele tem de julgar divergir completamente dos seres humanos vulgares, então, por exemplo, decidir se ele praticou ou não uma acção com má intenção será não apenas difícil, mas (simplesmente) impossível.

351. «Se os humanos não concordassem em geral sobre as cores das coisas, se os casos indeterminados não fossem excepcionais, o nosso conceito de cor não poderia existir.» Não: — o nosso conceito não *existiria*.

352. Quero então dizer que certos factos são favoráveis à formação de certos conceitos; ou desfavoráveis? E será que a experiência nos ensina isso? É um facto da experiência que os seres humanos alteram os seus conceitos, os trocam por outros quando aprendem factos novos; quando algo que anteriormente era importante se torna insignificante, e *vice-versa*. (Por exemplo, descobre-se que o que anteriormente se tinha como uma diferença na espécie é realmente apenas uma diferença de grau.)

353. Mas não poderá dizer-se: «Se existisse apenas *uma* substância, não haveria uso algum da palavra 'substância'? Isto, porém, significa: O conceito 'substância' pressupõe o conceito 'diferença de substância'.» (Tal como o do rei no xadrez pressupõe o de uma jogada de xadrez, ou o de *cor* o de *cores*.)

354. Quero dizer que existe uma lacuna *geométrica* e não física, entre o verde e o vermelho ([1]).

([1]) Esta anotação não estava entre as presentes na caixa de recortes; retirámo-la de um manuscrito de outra cópia a partir da qual se obteve a anotação seguinte. Eds.

355. Mas será que a isto não corresponde nada de físico? Não o nego. (E se apenas houvesse a nossa habituação a *estes* conceitos, a estes jogos de linguagem? Mas não estou a dizer que é assim.) Se ensinarmos a um ser humano uma tal e tal técnica através de exemplos — de forma a que ele depois proceda *assim* e não *assim* num determinado caso novo, ou que então ele fique parado, e que assim seja esta e não aquela, para ele, a continuação 'natural': isto é em si mesmo um facto da natureza extremamente importante.

356. «Mas se por 'amarelo azulado' eu quero dizer verde, estou a considerar esta expressão de uma forma diferente da original. A concepção original designa uma via diferente, uma via *não transitável*.»
Mas qual é aqui a verdadeira semelhança? A de uma via que é fisicamente intransitável ou a da inexistência de uma via? Trata-se de uma impossibilidade física ou matemática?

357. Temos um sistema de cores, tal como temos um sistema de números.
Residirão os sistemas na *nossa* natureza ou na natureza das coisas? Como devemos dizer? — *Não* na natureza dos números ou das cores.

358. Existe então algo de arbitrário neste sistema? Sim e não. É aparentado com o que é arbitrário e com o que é não-arbitrário.

359. É óbvio à primeira vista que nada queremos reconhecer como cor intermédia entre vermelho e verde. (Nem interessa se isto é sempre óbvio ou se são necessárias a experiência e a educação para ser assim.)

360. 'a está entre b e c e mais perto de b do que de c': eis uma relação característica entre sensações do mesmo tipo. Isto é, existe, por exemplo, um jogo de linguagem com a ordem «Provoca uma sensação entre *isto* e *isto*, e mais próxima do primeiro do que do segundo.» E também «Indica duas sensações entre as quais *esta* esteja.»

361. E aqui é importante que, por exemplo, com *cinzento* obtenhamos como resposta «preto e branco»; com *roxo*, «azul e vermelho»; com *cor-de-rosa*, «vermelho e branco»; mas que com *verde azeitona* não obtenhamos «vermelho e verde.»

362. Estas pessoas conhecem o verde avermelhado. — «Mas não *existe* tal coisa!» — Que frase extraordinária. — (Como sabes?)

363. Digamos assim: as pessoas têm de notar a discrepância? Talvez sejam estúpidas demais. E ainda: Talvez não o sejam.

364. Sim, mas a natureza não tem uma palavra a dizer? Claro que tem — mas faz-se ouvir de outra maneira.
«Certamente que irás defrontar-te com a existência e não-existência algures!» Mas isso refere-se a *factos*, e não a conceitos.

365. É um facto extremamente importante que uma cor a que nos dispomos a chamar (por exemplo) «amarelo avermelhado» possa realmente ser produzida (de várias formas) através de uma mistura de vermelho e amarelo. E que não sejamos capazes de reconhecer imediatamente uma cor que tenha resultado da mistura de vermelho e verde como uma cor que possa assim produzir-se. (Mas o que significa aqui imediatamente?)

366. Confusão de gostos: Eu digo «Isto é doce», outro diz: «Isto é azedo», etc... Uma pessoa chega e diz: «Nenhum de vocês faz ideia do que está a falar. Já não sabem o que é aquilo a que chamavam gosto.» Qual seria o sinal de que ainda sabemos? (Liga-se à questão sobre a confusão no cálculo.)

367. Mas não poderíamos fazer um jogo de linguagem, mesmo nesta 'confusão'? — Mas é ainda o anterior?

368. Imaginemos pessoas que exprimem uma cor intermédia entre o vermelho e o amarelo, mediante um tipo de fracção binária como este: R, LLRL, etc., onde temos amarelo à direita, e vermelho à esquerda. — Estas pessoas aprendem já no jardim infantil como descrever tons de cor, como utilizar estas descrições para escolher cores, misturá-las, etc. Estariam em relação a nós aproximadamente como pessoas com ouvido absoluto estão em relação às que dele carecem. *Podem fazer* o que nós não conseguimos.

369. E aqui gostaríamos de dizer: «Mas é então imaginável? Claro, o *comportamento* é! Mas o processo interior, a vivência da cor? «E é difícil ver o que se deve dizer em resposta a esta questão. Poderiam as pessoas sem ouvido absoluto ter suspeitado da existência de pessoas com ouvido absoluto?

370. O brilho ou o reflexo: quando uma criança pinta, nunca os pintará. Na verdade, é muito difícil acreditar que eles se podem representar por tintas de óleo ou aguarelas vulgares.

371. Como seria uma sociedade só de homens surdos? Ou uma sociedade de 'fracos de espírito'? *Uma questão importante!* E uma sociedade que nunca jogasse muitos dos nossos habituais jogos de linguagem?

372. Imaginamos os fracos de espírito sob o aspecto de degenerados, essencialmente incompletos, como que esfarrapados. Portanto, sob o aspecto de desordem em vez de uma ordem mais primitiva (o que seria uma forma muito mais produtiva de os olhar).
Precisamente, não vemos uma *sociedade* de tais homens.

373. Outros conceitos, embora com afinidades com os nossos, poderiam parecer-nos *muito* estranhos; desvios do vulgar *numa direcção invulgar*.

374. Conceitos com limites fixos exigiriam uma uniformidade de comportamento. Mas onde eu estou *seguro*, um outro está inseguro. E isto é um facto da natureza.

375. Estes são os carris fixos sobre os quais todos o nosso pensamento corre e, por conseguinte, o nosso juízo e acção decorrem em conformidade com eles.

376. Onde, por exemplo, um tipo existe apenas muito raramente, nenhum conceito desse tipo será formado. As pessoas não sentem *este* como uma unidade, como uma fisionomia determinada.

377. Não fazem qualquer imagem dele e reconhecem-no sempre apenas de caso para caso.

378. Têm as pessoas de conhecer o conceito de modéstia ou de presunção, onde existem homens modestos e presumidos? Talvez nada lhes interesse nesta diferença.
Também para nós muitas diferenças são insignificantes e podiam ser importantes.

379. E outros têm conceitos que se cruzam com os nossos.

380. Uma tribo tem dois conceitos, semelhantes ao nosso de 'dor'. Um é aplicado quando há um dano visível e está ligado a cuidados, piedade, etc. O outro usa-se para dores de estômago, por exemplo, e está associado à troça de alguém que se queixa. «Mas então eles não notam realmente a semelhança?» — Temos um único conceito sempre que há uma semelhança? A questão é: A semelhança é *importante* para eles? E tem de o ser? E por que não poderia o seu conceito 'dor' fraccionar o nosso?

381. Mas então não estará este homem a passar por alto algo que existe ali? — Não dá por isso; e por que deveria fazê-lo? — Mas, nesse caso, o seu conceito é fundamentalmente

diferente do nosso. — *Fudamentalmente* diferente? Diferente.
— Mas então é como se a sua palavra não pudesse *designar* o *mesmo* que a nossa. Ou apenas parte dela. — Mas claro que tem de parecer assim, se o seu conceito é diferente. Com efeito, a indeterminação do nosso conceito pode ser projectada no *objecto* que a palavra designa. De forma que se faltasse a indeterminação, não teríamos 'a mesma coisa referida'. A imagem que empregamos simboliza a indeterminação.

382. Na filosofia, não podemos *interceptar* uma doença do pensamento. Esta tem de seguir o seu curso natural, e a cura *lenta* é o mais importante. (Eis por que os matemáticos são tão maus filósofos.)

383. Imagina que as pessoas de uma tribo eram educadas desde muito novas a não mostrarem nenhuma expressão anímica de *qualquer espécie*. É para elas algo de infantil, algo de que têm de se libertar. A instrução é severa. Não se fala de 'dor'; sobretudo não na forma de conjectura «Talvez ele tenha...» Se alguém se quixa, é ridicularizado ou punido. A suspeita de dissimulação não existe. Queixar-se é já, por assim dizer, dissimulação.

384. «Dissimulação», poderiam essas pessoas dizer, «que conceito tão ridículo!» (Como se distinguíssemos um assassínio com *um* tiro de um com três tiros.)

385. Queixar-se é já tão mau que a dissimulação não pode ser pior.

386. Uma vergonha é invisível para eles, devido a outra.

387. Quero dizer: uma educação totalmente diferente da nossa poderia também ser a base para conceitos inteiramente diversos.

388. Pois a vida decorreria aqui de forma diferente. — O que nos interessa a nós não lhes interessaria a *eles*. Diferentes

conceitos não seriam já inimagináveis. Na verdade, é esta a única forma em que conceitos *essencialmente* diferentes são imagináveis.

389. Poderia certamente ensinar-se alguém a mimar a dor, por exemplo (não com intenção de enganar). Mas poderia isto ensinar-se a qualquer um? Quero dizer: alguém poderia ser ensinado a mostrar certos sinais toscos de dor, mas sem alguma vez conseguir dar espontaneamente uma imitação mais subtil, a partir do seu próprio discernimento. (Talento para línguas.) (Um cão esperto poderia talvez ensinar-se a produzir um ganido de dor, mas nunca chegaria a conseguir uma imitação consciente.)

390. 'Esses homens não teriam nada de humano.' Porquê? — Não poderíamos entender-nos com eles. Nem mesmo como o conseguimos com um cão. Não conseguiríamos conformarnos com eles.

E, no entanto, poderiam certamente existir tais seres, que noutros aspectos fossem humanos.

391. Quero realmente dizer que os escrúpulos no pensamento começam com (têm raiz em) o instinto. Ou também: um jogo de linguagem não tem origem na *consideração*. A consideração é parte de um jogo de linguagem.

Eis por que o conceito está no seu elemento num jogo de linguagem.

392. 'Monte de areia' é um conceito sem limites nítidos — mas por que não se utiliza antes um com limites nítidos? — Deve a razão resisidir na natureza do monte? Qual é o fenómeno cuja natureza é relevante para o nosso conceito?

393. É fácil imaginar e visualizar, com todos os pormenores, acontecimentos que, se realmente ocorressem, nos perturbariam em todos os nossos juízos.

Se, um dia, tivesse da minha janela uma vista completamente diferente da habitual, se as coisas, os homens e os animais se comportassem como nunca antes se haviam comportado, então diria algo como «estou a ficar louco»; mas seria apenas uma expressão de que eu desistia de me orientar. E o mesmo poderia suceder-me na matemática. Poderia, por exemplo, parecer que estava sempre a cometer erros de cálculo, de modo que nenhuma solução me parecia de confiança.

Mas o mais importante, para mim, é que não existe uma linha nítida entre esta condição e a normal.

394. Que significado teria para mim estar enganado quanto a ele ter um espírito, uma consciência? E que significado teria para mim estar errado acerca de *mim mesmo* e não os ter? Que significado teria dizer «Não tenho consciência»? — Mas não sei que existe uma consciência em mim? — Sei, sim, e no entanto a declaração de que é assim não tem um objectivo?

E como é notável que possamos aprender a fazer-nos entender pelos outros sobre estes assuntos!

395. Uma pessoa pode fingir-se inconsciente; mas *consciente?*

396. Como seria se alguém me dissesse com toda a seriedade que (realmente) não sabia se estava a sonhar ou acordado?

Será a seguinte situação possível: Alguém diz «Acho que estou agora a sonhar»; acorda de facto pouco tempo depois, lembra-se dessas palavras no sonho e diz «Então eu tinha razão!» — Esta narrativa só pode significar: Alguém sonhou que tinha dito que estava a sonhar.

Imagina um homem inconsciente (anestesiado, digamos) que diz «Estou consciente» — deveríamos dizer «Ele tem de saber»?

E se alguém falasse durante o sono e dissesse «Estou a dormir» — deveríamos dizer «Ele tem razão»?

Estará a faltar à verdade alguém que me diga «Não estou consciente»? (E a dizer a verdade, se o disser quando inconsciente? E supõe que um papagaio diz «Não percebo nenhuma palavra», ou um gramofone: «Sou apenas uma máquina»?)

397. Supõe que fazia parte do meu devaneio dizer: «Estou apenas a fantasiar», seria isto *verdade?* Supõe que escrevo esta fantasia ou narrativa, um diálogo imaginário, e nele digo «Estou a fantasiar» — mas, quando o escrevo — como se vê que estas palavras são palavras que pertencem à fantasia e que eu não emergi da fantasia?
Não poderia realmente acontecer que um sonhador, por assim dizer a emergir de um sonho, dissesse durante o sono «Estou a sonhar»? É, pois, imaginável que um tal jogo de linguagem exista.
Isto está ligado ao problema do 'significado'. Com efeito, posso escrever «Sou saudável» no diálogo de uma peça e, portanto, não *querer dizer* isso, embora seja verdade. As palavras pertencem a este e não àquele jogo de linguagem.

398. 'Verdadeiro' e 'falso' num sonho. Sonho que está a chover e que digo «Está a chover» — por outro lado: sonho que digo «Estou a sonhar».

399. O verbo «sonhar» tem uma forma presente? Como é que uma pessoa aprende a utilizá-la?

400. Supõe que eu tinha uma experiência semelhante ao despertar, descobria depois que estava num ambiente muito diferente, com pessoas que me asseguram que estive a dormir. Supõe ainda que eu insistia em que não tinha estado a sonhar, mas a viver, de forma diferente, fora do meu corpo adormecido. Que função tem esta afirmação?

401. «'Tenho consciência' — eis uma afirmação acerca da qual não é possível haver dúvida.» Por que não há-de dizer o mesmo que «'Tenho consciência' não é uma frase»?
Poderia também dizer-se: Que mal tem alguém dizer que «Tenho consciência» é uma afirmação que não admite dúvi-

das? Como é que entro em conflito com ele? Supõe que alguém me dizia isto — por que não havia de habituar-me a não lhe responder, em vez de começar uma discussão? Por que não havia de lidar com as suas palavras como com o seu assobio ou murmúrio?

402. «Nada é tão certo como eu possuir consciência.» Nesse caso, por que não deixo ficar as coisas como estão? Esta certeza é como uma força poderosa, cujo ponto de ataque não se move e, desta forma, não realiza qualquer trabalho.

403. Lembra-te: A maior parte das pessoas diz que nada sente sob uma anestesia. Mas algumas dizem: *Pode* acontecer que alguém sinta e apenas o esqueça completamente.
Se, portanto, há algumas que duvidam e algumas a quem nenhuma dúvida assalte, mesmo assim a falta de dúvida seria, no final de contas, mais generalizada.

404. Ou a dúvida teria, afinal, uma forma diferente muito menos indefinida do que no nosso mundo do pensamento.

405. Ninguém, a não ser um filósofo, diria «Sei que tenho duas mãos»; mas alguém poderia decerto dizer: «Sou incapaz de duvidar de que tenho duas mãos.»

406. «Saber», no entanto, não se usa normalmente neste sentido. «Sei quanto é 97 × 78.» «Sei que 97 × 78 são 432.» No primeiro caso, digo a alguém que consigo fazer algo, que possuo algo; no segundo, simplesmente assevero que 97 × 78 são 432. Por que não dirá «97 × 78 são, definitivamente, 432»: *sei* que é assim? A primeira frase não é uma frase aritmética, nem pode ser substituída por uma; uma frase aritmética poderia utilizar-se no lugar da segunda.

407. Poderá alguém *acreditar* que 25 × 25 = 625? Que significa acreditar nisto? Como se mostra que ele acredita nisso?

408. Mas não existe um fenómeno do conhecimento, por assim dizer completamente à parte do sentido da frase «Eu sei»? Não é admirável que uma pessoa possa *saber* algo, possa, por assim dizer, ter o facto dentro de si mesmo? — Mas esta é uma falsa imagem. — Com efeito, diz-se, só se trata de conhecimento se as coisas são realmente como ele diz. Mas isto não basta. Não pode ser apenas acidental que seja assim. Pois ele tem de saber que sabe: o saber é um estado do seu próprio espírito; ele não pode ter dúvidas ou errar a tal respeito — a não ser graças a um tipo especial de cegueira. Se então o conhecimento *de que* as coisas são assim é apenas conhecimento se elas forem *realmente* assim; se o conhecimento está nele, de forma que ele não pode errar acerca de se tratar de conhecimento; então, é também infalível a propósito de as coisas serem assim, tal como conhece o seu conhecimento; e assim o facto que conhece tem de estar dentro dele, tal como o conhecimento.

E isto aponta para um tipo possível de utilização de «Eu sei». «Sei que é assim» quer então dizer: é assim, ou estou doido.

Portanto: quando digo, sem mentir: «Sei que é assim», então só por uma espécie de cegueira poderei estar enganado.

409. Como acontece que a dúvida não esteja sujeita à escolha arbitrária? — E sendo assim — não poderia uma criança duvidar de tudo, devido ao seu talento notável?

410. Uma pessoa só pode duvidar se aprendeu determinadas coisas; tal como só pode calcular mal se tiver aprendido a calcular. Nesse caso, é de facto involuntário.

411. Imagina que uma criança era especialmente inteligente, tão inteligente que logo se lhe podia ensinar a incerteza da existência de todas as coisas. Assim, aprende desde o princípio: «Isto é provavelmente uma cadeira.»

E como aprende a questão: «É, na verdade, também uma cadeira?»

412. Estou a fazer psicologia infantil? — Estou a fazer uma ligação entre o conceito de ensino e o conceito de significado.

413. Um homem é um realista convicto, outro é um idealista convicto e ensina os seus filhos conformemente. Num assunto tão importante como a existência ou não-existência do mundo externo, nenhum deles quer ensinar algo de errado aos seus filhos.
Que se lhes ensina? A dizer: «Existem objectos físicos» ou o oposto?
Se alguém não acredita em fadas, não precisa de ensinar aos filhos «Não existem fadas»: pode omitir ensinar a palavra «fada». Em que ocasião deve dizer: «Existem...» ou «Não existem...»? Só quando encontra pessoas de crença contrária.

414. Mas, apesar de tudo, o idealista ensinará aos seus filhos a palavra «cadeira», pois quer decerto ensiná-los a fazer isto e aquilo, por exemplo, a ir buscar uma cadeira. Onde reside então a diferença entre o que crianças educadas por um idealista ou por um realista dizem? Não será a diferença apenas no grito-de-guerra?

415. Não começará com desilusão o jogo «Isto é provavelmente...»? E pode a primeira atitude ser dirigida para uma possível desilusão?

416. «Portanto, deve começar-se por lhe ensinar uma falsa certeza?»
Não se trata ainda da questão de certeza ou incerteza no seu jogo de linguagem. Lembra-te: eles estão a aprender a *fazer* algo.

417. O jogo de linguagem «O que é isto?» — «Uma cadeira.» — não é o mesmo que: «Que pensas ser isto?» — «Podia ser uma cadeira.»

418. Começar por ensinar a alguém «Isto parece vermelho» não tem sentido. Tem de o dizer espontaneamente quando tiver aprendido o que significa «vermelho», isto é, quando tiver aprendido a técnica de utilizar a palavra.

419. Toda a explicação tem o seu fundamento no treino. (Os educadores deviam lembrar-se disto.)

420. «Parece-me vermelho.»» — «E com que se parece vermelho?» — «Com *isto*.» Aqui tem de indicar-se o paradigma correcto.

421. Quando ele aprende pela primeira vez os nomes das cores — o que lhe é ensinado? Bem, aprende, por exemplo, a chamar «vermelho» ao ver algo vermelho. — Mas será esta a descrição certa; ou devia ter sido: «Aprende a chamar 'vermelho' *àquilo que também nós* chamamos 'vermelho'»? — Ambas as descrições estão certas.
O que diferencia isto do jogo de linguagem «Como é que te ocorre?»?
Mas podia ensinar-se a uma pessoa o vocabulário das cores fazendo-a olhar para objectos brancos através de óculos coloridos. Aquilo que lhe ensino tem de ser, no entanto, uma *capacidade*. Pode, pois, trazer algo vermelho ao ser-lhe pedido; ou organizado os objectos segundo a cor. Mas o que é então algo vermelho?

422. Por que não se ensina à criança, logo de princípio, o jogo de linguagem «Parece-me vermelho»? Porque não consegue ainda compreender a distinção entre parecer e ser?

423. A impressão visual vermelha é um *conceito* novo.

424. O jogo de linguagem que lhe ensinamos é, então: «Parece-me..., parece-te...» No primeiro jogo de linguagem, não aparece uma pessoa como sujeito percipiente.

425. Dás ao jogo de linguagem uma nova articulação. O que não quer dizer, porém, que agora seja sempre utilizado.

426. O olhar interior para a sensação — que ligação estabelecerá entre as palavras e a sensação; e para que servirá esta ligação? Ensinaram-me *isto* quando me ensinaram a utilizar esta frase, a pensar este pensamento? (Pensá-lo foi realmente algo que tive de aprender.)
Além disso, aprendemos também a dirigir a nossa atenção para coisas e para sensações. Aprendemos a observar e a descrever observações. Mas como me é isto ensinado; como se controla, neste caso, a minha 'actividade interior'? Como se avaliará se realmente prestei atenção?

427. «A cadeira é a mesma, quer eu esteja a olhar para ela, quer não» — isto não devia ser verdade. As pessoas ficam muitas vezes embaraçadas quando olhamos para elas. «A cadeira continua a existir, quer eu olhe para ela, quer não.» Poderia ser uma proposição empírica ou poderíamos vê-la como uma frase gramatical. Mas podemos também simplesmente pensar na diferença conceptual entre impressão sensível e objecto.

428. Mas a concordância entre as pessoas não será essencial para o jogo? Alguém que o aprenda não tem primeiro de saber o significado de «mesmo», e este não pressupõe também concordância? Etc.

429. Dizes «*Isto* é vermelho», mas como se decide se tens razão? Não o decide a concordância entre as pessoas? — Mas apelo para esta concordância nos meus juízos de cor? Então o que acontece é *assim:* deixo que um certo número de pessoas olhe para um objecto; a cada uma delas ocorre um certo grupo de palavras (os chamados «nomes das cores»); se a palavra «vermelho» ocorreu à maioria dos espectadores (não tenho de pertencer a esta maioria), o predicado «vermelho» pertence ao objecto por direito. Tal técnica poderia ter a sua importância.

430. As *palavras de cores* são explicadas *assim:* «isto é vermelho», por exemplo. — O nosso jogo de linguagem só funciona, evidentemente, se prevalecer uma certa concordân-

cia, mas o conceito de concordância não entra no jogo de linguagem. Se a concordância fosse universal, o seu conceito poderia ser-nos completamente desconhecido.

431. A concordância entre as pessoas *decide* o que é vermelho? É decidido por apelo à maioria? Fomos ensinados a determinar a cor *desta* forma?

432. Descrevo o jogo de linguagem «Traz uma coisa vermelha» a alguém que já o sabe jogar. Aos outros poderia apenas ensiná-lo. (Relatividade.)

433. «O que percepciono é ISTO» — e segue-se uma forma de DESCRIÇÃO. A palavra «isto» poderia igualmente explicar-se assim: imaginemos uma transferência directa da vivência. — Mas qual é o nosso critério de que a vivência foi deveras transferida? «Bem, ele tem justamente a que eu tenho.» — Mas como é que ele a *'tem'*?

434. Que significa «usar uma palavra como uma designação, um nome, de uma sensação»? Não haverá aqui algo digno de investigação?
Imagina que partias de um jogo de linguagem com objectos — e que se dizia, de agora em diante as *sensações* serão também denominadas. Não seria como se primeiro se falasse de transferir bens e, depois, subitamente de transferir alegria pelos bens ou orgulho pelos bens? Não teremos de aprender algo de novo aqui? Algo de novo, a que também chamaremos «transferir».

435. A descrição do que é visto subjectivamente é mais ou menos afim à descrição de um objecto, mas precisamente por essa razão não funciona como uma descrição de um objecto. Como se comparam as sensações visuais? Como comparo as minhas sensações visuais com as de outra pessoa?

436. «Verifying by inspection» é uma expressão totalmente enganadora. Pois diz que em primeiro lugar ocorre um pro-

cesso, a inspecção (e poderia comparar-se com olhar através de um microscópio, ou com o processo de virar a cabeça *de forma a ver algo*). E então *tem* de seguir-se a visão. Poder-se-ia falar de «ver virando a cabeça» ou de «ver olhando». Mas, nesse caso, o ver virando a cabeça (ou olhando) é um processo exterior à visão, um processo que é assim apenas de interesse prático. O que quereríamos dizer é «ver vendo».

437. As causas da nossa crença numa proposição são na verdade irrelevantes para a questão sobre aquilo em que acreditamos. O mesmo não acontece com os fundamentos, que estão gramaticalmente ligados à frase e nos dizem de que frase se trata.

438. Nada é mais vulgar do que o significado de uma expressão oscilar, do que um fenómeno ser às vezes considerado um sintoma, às vezes um critério, de um estado de coisas. E, na maior parte das vezes, a mudança de significado não é então notada. Na ciência, é normal fazer dos fenómenos que permitem uma medição exacta critérios definidos de uma expressão; e depois tende-se a pensar que o significado verdadeiro foi *encontrado*. Inúmeras confusões surgiram deste modo.

Por exemplo, existem graus de prazer, mas é estúpido falar de medição de prazer. É verdade que, em certos casos, um fenómeno mensurável toma o lugar anteriormente ocupado por um não mensurável. A palavra que designa este lugar muda de significado e o seu significado antigo torna-se mais ou menos obsoleto. Sossegamo-nos com o facto de um conceito ser o mais exacto, de outro ser o menos exacto, e não nos apercebemos de que em cada caso particular está em questão uma diferente relação entre o conceito 'exacto' e 'inexacto': é o velho erro de não se testarem casos particulares.

439. A evidência suficiente passa a insuficiente, sem ter uma fronteira definida. Deverei dizer que uma base natural para a maneira como este conceito é formado é a natureza complexa e a variedade das contingências humanas?

Então, se houvesse muito menos variedade, uma estrutura conceptual nitidamente delimitada pareceria natural. E por que razão parece tão difícil imaginar o caso simplificado?

440. Como teríamos de imaginar uma lista completa de regras para a utilização de uma palavra? — Que queremos dizer com uma lista completa de regras para a utilização de uma peça de zadrez? Não seria possível construirmos casos duvidosos, em que a lista normal de regras não decide? Pensa, por exemplo, na seguinte questão: como determinar quem jogou por último, se se levanta a dúvida sobre a segurança das memórias dos jogadores?
A regulação do tráfego nas ruas permite e proíbe determinadas acções por parte dos condutores e dos peões; mas não tenta dirigir a totalidade dos seus movimentos através de regulamentos. E não faria sentido falar de um ordenamento de tráfego 'ideal', que o fizesse; em primeiro lugar, não saberíamos como imaginar este ideal. Se alguém quer fazer os regulamentos de tráfego mais rígidos num ou noutro aspecto, isso não quer dizer que deseje aproximar-se de tal ideal.

441. Considera também a seguinte frase: «As regras de um jogo podem permitir uma certa liberdade, mas mesmo assim têm de ser regras bem determinadas.» Isto equivale a dizer-se: «Podes deixar a uma pessoa fechada entre quatro paredes uma certa liberdade de movimento, mas as paredes têm de ser perfeitamente rígidas» — e isto não é verdade. «Bem, as paredes podem ser elásticas mas, nesse caso, têm um grau de elasticidade perfeitamente determinado.» Mas o que diz isto? Parece dizer que tem de ser possível estabelecer a elasticidade, mas também isto não é verdade. «A parede tem sempre *um determinado* grau de elasticidade — quer eu o saiba quer não»: isto é realmente a confissão de adesão a uma forma de expressão. A que se serve da *forma* de um ideal de exactidão. Como a forma de um parâmetro de representação.

442. A confissão de adesão a uma forma de expressão, se for formulada sob a capa de uma frase que trate de *objectos*

(em vez de signos), tem de ser *a priori*. Pois o seu contrário será na verdade impensável, porquanto lhe corresponde uma forma de pensamento, uma forma de expressão, que excluímos.

443. Imagina que as pessoas costumavam apontar sempre para os objectos do seguinte modo: descrevem um círculo por assim dizer à volta do objecto, com os dedos pelo ar; poder-se-ia então imaginar um filósofo que dissesse: «Todas as coisas são circulares, porque a mesa se parece com *isto*, o fogão se parece com *isto*, o candeeiro se parece com *isto*», etc., desenhando de cada vez um círculo em torno das coisas.

444. Temos agora uma *teoria*, uma 'teoria dinâmica' ([1]) da frase, da linguagem, mas não se nos apresenta como uma teoria. O que caracteriza esta teoria é o facto de olhar para um caso especial e claramente intuitivo e dizer: «*Isto* mostra como as coisas são em cada caso; este caso é exemplar para *todos* os casos.» — «Claro! Tem de ser assim», dizemos nós, e ficamos satisfeitos. Chegamos a uma forma de expressão que se nos *afigura como óbvia*. Mas é como se tivéssemos agora visto algo *sob* a superfície.

A tendência para generalizar o caso parece ter uma justificação rigorosa na lógica: parecemos aqui *completamente* justificados ao inferir: «Se *uma* proposição é uma imagem, então qualquer proposição tem de ser uma imagem, porque todas elas têm de ter a mesma natureza.» Com efeito, estamos sob a ilusão de que o que é sublime, o que é essencial na nossa investigação, consiste em apreender *uma* essência englobante.

445. Como posso compreender uma proposição *agora*, se cabe à análise mostrar *o que* na realidade compreendo? — Aqui introduz-se a ideia da compreensão enquanto processo mental especial.

([1]) Freud fala da sua teoria 'dinâmica' dos sonhos.

446. Mas não penses na compreensão como 'processo mental'. — Pois *esta* é a forma de falar que te confunde. Pergunta antes a ti mesmo: em que caso, em que circunstância dizemos «Agora posso continuar», se a fórmula nos ocorreu? [1]
Esta forma de falar é o que nos impede de ver os factos sem preconceitos. Considera a pronúncia de uma palavra da forma como é escrita. Como é fácil persuadirmo-nos de que duas palavras — por exemplo, elegível e ilegível — soam de maneira diferente no uso diário — porque se pronunciam de forma diferente, quando a diferença de escrita está directamente perante os nossos olhos. Pode a isto comparar-se a opinião de que um violinista com um sentido apurado do tom toca sempre o Fá ligeiramente mais alto do que o Mi sustenido. Pensa neste casos. — É *assim* que pode acontecer que os meios de representação produzam algo de *imaginário*. Não pensemos, pois, que *temos* de encontrar um processo mental específico, porque o verbo 'compreender' está presente e porque dizemos: compreender é uma actividade do espírito.

447. A inquietação na filosofia, poderia dizer-se, surge de se olhar para a filosofia de uma forma errada, de a ver erradamente, como se estivesse dividida em tiras longitudinais (infinitas) em vez de tiras transversais (finitas). Esta inversão na nossa concepção constitui a *maior* dificuldade. Tentamos assim apreender as tiras ilimitadas e queixamo-nos de que isso não é possível elemento a elemento. Certamente que não, se por um elemento quisermos dizer uma tira longitudinal infinita. Mas é possível, se quisermos dizer uma tira transversal. — Mas então nunca mais chegamos ao fim do nosso trabalho! — Claro que não, porque este não tem fim.
(Queremos substituir as conjecturas e explicações desordenadas pela serena consideração dos factos linguísticos.)

448. E diz-se que a frase «Está a chover» diz: o caso é tal e tal? Qual é o uso diário desta expressão na linguagem vulgar? Pois a aprendeste a partir de tal uso. Se agora a emprega-

---

[1] Ver *Philosophische Untersuchungen*, § 154. Eds.

res contrariamente à sua utilização original e pensares que estás ainda a jogar o jogo antigo, é o mesmo que se fosses jogar o jogo das damas com peças de xadrez e imaginasses que o teu jogo tinha conservado um pouco do espírito do xadrez.

449. Extensão de um conceito numa *teoria* (por exemplo, um sonho de realização de desejo).

450. Quem filosofa faz muitas vezes o gesto errado e inadequado para uma expressão verbal.

451. (Diz-se o *habitual* — com o gesto errado.)

452. Como é que a filosofia é uma estrutura tão complicada? Devia, no entanto, ser completamente simples, se é que é a coisa derradeira, independente de toda a experiência, que pretendes que ela seja. — A filosofia desfaz nós no nosso pensamento; por conseguinte, o seu resultado tem de ser simples, mas filosofar tem de ser tão complicado quanto os nós que desfaz ([1]).

453. (Assim como às vezes se pode reproduzir uma música apenas no nosso ouvido interior e não se pode assobiar, porque o assobio abafa a voz interior, também às vezes a voz de um pensamento filosófico é tão suave que o ruído das palavras faladas é o suficiente para a abafar e impedir que seja ouvida, se se é interrogado e se tem de responder.)

454. Platão: «— O quê? disse, não tem utilidade? Se a sabedoria é o conhecimento do conhecimento e é anterior aos outros conhecimentos, então tem também de ser anterior ao conhecimento que se relaciona com o bem e nesse sentido tem de ter uma utilidade para nós. — É *ela*, e não a medicina, disse eu, que nos torna saudáveis? E, identicamente, com o resto das artes; é *ela* que conduz as suas operações, e não cada uma delas as suas próprias? Por outro lado, não admitimos já há

([1]) Ver *Philosophische Bemerkungen,* § 2. Eds.

muito tempo que seria apenas o conhecimento do conhecimento e da ignorância, e não de qualquer outro assunto? — Certamente que sim. — Então não produz saúde em nós? — Presumivelmente não. — Porque a saúde pertence a uma arte diferente? — Sim. — Então, amigo, também não terá qualquer utilidade para nós. Porque esta é uma operação que atribuímos também a outra arte. — Claro. — Então como pode a sabedoria ser útil, se não nos traz qualquer utilidade?»

455. (O filósofo não é um cidadão de uma comunidade de ideias. É isto que o torna um filósofo.)

456. Alguns filósofos (ou seja o que for que lhes queiras chamar) padecem do que se pode chamar «loss of problems». Parece-lhes que tudo é muito simples, parecem não existir mais problemas profundos, o mundo torna-se extenso e insípido e perde toda a profundidade, e o que escrevem torna-se infinitamente superficial e trivial. Russell e H. G. Wells sofrem deste mal.

417. ... quia plus loquitur inquisitio quam inventio... (Agostinho) ([1]).

458. Investigações filosóficas: investigações conceptuais. O essencial da metafísica: apaga a distinção entre investigações factuais e conceptuais.

459. O fundamental expresso gramaticalmente: Como é com a frase: «Não se pode entrar duas vezes no mesmo rio»?

460. Num certo sentido, não se pode lidar com demasiado cuidado com os erros filosóficos, eles contêm tanta verdade.

461. Gostaria que dissesses: «Sim, é verdade, isso pode imaginar-se, até pode ter acontecido!» Mas estaria eu a tentar

---

([1]) ... porque a procura diz mais do que a descoberta... Eds.

chamar-te a atenção para o facto de que podes imaginar isto? Queria colocar esta imagem perante os teus olhos, e o teu *reconhecimento* desta imagem consiste na tua propensão a considerares um caso diferentemente; isto é, a compará-lo com *esta* série de imagens. Modifiquei a tua *forma de ver*. (Li uma vez algures que uma figura geométrica com as palavras «Olha para isto» serve de prova para certos matemáticos indianos. Este olhar também produz uma alteração no modo de visão de uma pessoa.) (¹)

462. (As classificações dos filósofos e psicólogos: classificam as nuvens segundo a forma.)

463. Sobre matemática: «O teu conceito está errado. — Contudo, não posso esclarecer a matéria lutando contra as tuas palavras, mas só tentando afastar a tua atenção de certas expressões, ilustrações, imagens, em *direcção* à *utilização* das palavras.»

464. A genealogia dos conceitos psicológicos: *não* ambiciono exactidão, mas uma visão sinóptica.

465. O tratamento de todos estes fenómenos da vida mental não tem importância para mim por eu ter muito interesse na plenitude. Mas antes porque cada um deles lança luz sobre o tratamento correcto de *todos*.

466. E o que está aqui em questão não são sintomas, mas critérios lógicos. O facto de não serem sempre nitidamente diferenciados não obsta a que sejam diferenciados.

467. A nossa investigação não tenta *encontrar* o real e exacto significado das palavras; embora frequentemente *demos* significados exactos às palavras, no decurso da nossa investigação.

(¹) Ver *Philosophische Untersuchungen*, § 144. Eds.

468. «O homem pensa, teme, etc., etc.»: esta é a resposta que se poderia dar a alguém que perguntasse o que deveriam conter os capítulos de um livro sobre psicologia.

469. Imagina que alguém diz: «O homem tem esperança». Como deveria descrever-se este fenómeno geral da história natural? — Poder-se-ia observar uma criança e esperar até que um dia ela manifestasse esperança; então poderia dizer-se «Hoje teve esperança pela primeira vez». Mas isto soa muito estranho! Embora fosse muito natural dizer «Hoje, ele disse 'Tenho esperança' pela primeira vez». E estranho porquê? — não dizemos que um bebé tem esperança que... nem que ele não tem esperança que... e dizemo-lo de um adulto. — Bem, pouco a pouco, a vida diária torna-se de tal forma que existe um lugar para a esperança.

Mas agora diz-se: Não podemos ter a certeza de quando uma criança começa a ter esperança, por se tratar de um processo interior. Que contra-senso! Como sabemos então do que estamos a falar?

470. Ou ele poderia exemplificar *assim:* «Eu, por exemplo, vejo, não sou cego»? Até isto soa estranho.

Seria correcto dizer: «Podes observar o fenómeno *de* pensar, ter esperança, ver, etc., também no *meu* caso.»

471. Os verbos psicológicos ver, acreditar, pensar, desejar, não significam fenómenos. Mas a psicologia observa os fenómenos *de* ver, acreditar, desejar.

472. Plano para o tratamento de conceitos psicológicos.

Os verbos psicológicos caracterizados pelo facto de a terceira pessoa do presente se ter de verificar pela observação, e a primeira pessoa não.

Frases na terceira pessoa do presente: informação. Na primeira pessoa: expressão. ((Não está muito certo.))

A primeira pessoa do presente semelhante a uma expressão.

Sensações: as suas ligações e analogias internas.

Todas têm uma duração genuína. Possibilidade de dar o início e o fim. Possibilidade de serem sincronizadas, de ocorrências simultâneas.
Todos têm graus e misturas qualitativas. Grau: dificilmente perceptível — intolerável.
Neste sentido, não há uma sensação de posição ou movimento. Local da sensação no corpo: diferencia ver e ouvir do sentido de pressão, temperatura, gosto e dor.

473. Precisamos de reflectir que é possível um estado de língua (e presumivelmente existiu), que não possui o conceito geral de sensação, mas tem as palavras correspondentes ao mesmo «ver», «ouvir», «provar».

474. Chamamos a ver, ouvir, ... percepções sensoriais. Existem analogias e ligações entre estes conceitos; estas são a nossa justificação para os considerar em conjunto.

475. Pode, então, perguntar-se: que tipo de ligações e analogias existe entre ver e ouvir? Entre ver e tocar? Entre ver e cheirar? Etc.

476. E se perguntamos isto, os sentidos afastam-se um dos outros ainda mais do que nos parecia à primeira vista.

477. O que é comum às experiências sensoriais? — A resposta de que nos dão conhecimento do mundo externo é em parte correcta e em parte errada. É correcta, na medida em que deve apontar para um critério *lógico*.

478. A duração da sensação. Compara a duração de uma experiência sensorial de som com a duração da sensação do tacto que te informa de que tens uma bola na mão; e com o «sentimento» que te informa de que os teus joelhos estão dobrados.

479. Sentimos os nossos movimentos. Sim, na verdade, *sentimo*-los; a sensação é semelhante não a uma sensação de

gosto ou de calor, mas a uma de tacto: à sensação de quando a pele e os músculos são apertados, puxados, deslocados.

480. Sinto o meu braço e, estranhamente, gostaria agora de dizer: sinto-o numa posição definida no espaço; como se o sentir o meu corpo num espaço estivesse disposto na forma de um braço, de modo a que para representar tivesse de modelar o meu braço, digamos que em gesso, na posição correcta.

481. Sim, é estranho. O meu antebraço está agora pousado horizontalmente e gostaria de dizer que o sinto; não, contudo, como se tivesse a sensação que sempre acompanha esta posição (como se sentiria isquemia ou congestão) — mas como se a 'sensação corporal' do braço fosse planeada ou disposta horizontalmente como, por exemplo, o vapor ou partículas de pó sobre a superfície do meu braço estão dispostos no espaço. Não é, pois, como se realmente sentisse a posição do meu braço, mas como se sentisse o *braço,* e a sensação tem uma tal e tal *posição*. Mas isto quer apenas dizer: *sei* simplesmente como é — sem o saber, *porque...* Tal como também sei onde sinto dor — mas não o sei *porque...*

482. Afigura-se-nos nitidamente como se a dor tivesse um corpo, como se fosse uma coisa, um corpo com forma e cor. Porquê? Tem a forma da parte do corpo que dói? Gostaríamos de dizer, por exemplo, «Podia *descrever* a dor, se possuísse as palavras necessárias e os significados elementares». Sente-se: O que falta é a nomenclatura necessária. (James). Como se se pudesse sequer pintar a sensação, se pelo menos as outras pessoas entendessem esta linguagem. — E pode descrever-se realmente a dor, espacial e temporalmente.

483. (Se as sensações caracterizam a posição e os movimentos dos membros, em todo o caso o seu lugar não é a articulação.)
Sabemos a posição dos nossos membros e os seus movimentos. Podemos indicá-los, se nos interrogarem, por exemplo. Assim como sabemos o local de uma sensação (dor) no corpo.

112

Reacção do contacto no local doloroso.
Nenhum sinal local na sensação. Também não um sinal temporal numa imagem de memória. (Sinais temporais numa fotografia.)
A dor diferenciada de outras sensações por uma expressão característica. Isto torna-a semelhante à alegria (que não é uma experiência sensorial).

484. Será um verbalismo dizer: — a alegria, o prazer, o deleite, não são sensações? — Interroguemo-nos pelo menos: O que existe de analogia entre o deleite e aquilo a que chamamos, por exemplo, «sensação»?

485. O elo de ligação entre eles seria a dor. Com efeito, o seu conceito assemelha-se ao de sensação táctil, por exemplo (através das características de localização, duração genuína, intensidade, qualidade) e ao mesmo tempo ao de emoções através da sua expressão (expressão facial, gestos, ruídos).

486. «Sinto uma grande alegria.» — Onde? Isso soa como um absurdo. E, no entanto, também se diz «Sinto uma grande agitação no meu peito». — Mas por que é que a alegria não está localizada? Será porque ela se encontra repartida por todo o corpo? E mesmo quando ela não está localizada, o sentimento que a suscita está; se, por exemplo, nos alegramos com o cheiro de uma flor. — A alegria exterioriza-se na expressão facial, no comportamento. (Mas não dizemos que nos alegramos no rosto.)

487. «Mas tenho uma *sensação* real de alegria!» Sim, quando estás alegre, estás realmente alegre. E claro que a alegria não é um comportamento alegre, nem uma sensação nos cantos dos lábios e nos olhos.
«Mas 'alegria' designa algo de interior.» Não. «Alegria» não designa nada de nada. Nem algo de interior nem de exterior.

488. Continuação da classificação de conceitos psicológicos.

Emoções. O que lhes é comum: duração genuína, decurso. (A raiva inflama, abate, desaparece, e do mesmo modo a alegria, a depressão, o medo.)
Distinção quanto às sensações: não são localizadas (e também não são difusas!).
Comum: têm um comportamento expressivo característico. (Expressão facial.) E isto implica também sensações características. Assim a tristeza acompanha frequentemente o choro e, com este, sensações características. (A voz carregada de lágrimas.) Mas estas sensações não são as emoções. (No sentido em que o algarismo 2 não é o número 2.)
Entre as emoções, deveriam distinguir-se as dirigidas das não dirigidas. Medo *de* algo, alegria *a propósito de* algo.
Este algo é o objecto, e não a causa da emoção.

489. O jogo de linguagem «Tenho medo» contém já o objecto.
«Ansiedade» é como *poderia* designar-se o medo indirecto, na medida em que as suas manifestações se assemelham ou são as mesmas que as do medo.
O *conteúdo* de uma emoção — aqui imaginamos algo como uma *imagem,* ou algo de que uma imagem se possa fazer. (A escuridão da depressão, que desce sobre uma pessoa, as chamas da cólera.)

490. Poderia também chamar-se ao rosto humano uma tal imagem e as suas alterações poderiam representar o *decurso* de uma paixão.

491. O que as torna diferentes das sensações: não nos dão qualquer informação sobre o mundo externo. (Uma observação gramatical.)
Amor e ódio poderiam chamar-se disposições emocionais: e também o medo num sentido determinado.

492. Uma coisa é sentir medo intenso, e outra temer alguém «cronicamente».
'Medo horrível': são as *sensações,* que são tão horríveis?

As causas típicas de dor, por um lado, e de depressão, tristeza, alegria, por outro. Causa destas também o seu objecto. Comportamento de dor e comportamento de tristeza. — Estes apenas podem descrever-se juntamente com as ocasiões exteriores. (Se a mãe de uma criança a deixa só, ela pode chorar porque está triste; se se cai, de dor.) Comportamento e tipo de ocasião estão relacionados.

493. Há pensamentos assustadores, esperançosos, alegres, encolerizados, etc.

494. As emoções expressam-se em pensamentos. Um homem fala colericamente, com timidez, tristemente, alegremente, etc., não lumbagomente.
Um pensamento provoca-me emoções (medo, tristeza, etc.), mas não dor física.

495. Gostaria quase de dizer: Uma pessoa não sente mais tristeza no seu corpo do que sente visão nos seus olhos.

496. (A horribilidade do medo não está na sensação de medo.) Este assunto evoca também o ouvir um som vindo *de uma determinada direcção*. É quase como se se sentisse o peso no estômago, a opressão na respiração, da direcção do medo. Isto significa realmente que «Estou agoniado de medo» não indica a *causa* do medo.

497. «Onde sentes desgosto?» — No espírito. — Que tipo de consequências tiramos desta indicação do local? Uma é que *não* falamos de um local físico de desgosto. E, contudo, apontamos para o nosso corpo, como se o desgosto nele estivesse. Será porque sentimos um desconforto físico? Não sei a causa. Mas por que devo supor que é um desconforto físico?

498. Considera a seguinte questão: Poderá uma dor ser pensada, digamos com a qualidade de dor reumática, mas *não* localizada? Poderá ela *imaginar-se?*
Se em tal começares a pensar, verás quanto gostarias de

transformar o conhecimento do local da dor em característica *do que é sentido*, em característica de um dado sensorial, do objecto privado, que tenho perante o meu espírito.

499. Se o medo é assustador e se, enquanto persiste, eu tenho consciência da minha respiração e duma tensão nos músculos faciais — quer isto dizer que considero *estas sensações* assustadoras? Não poderiam até ser um alívio? (Dostoievsky).

500. Por que se utiliza a palavra «sofrer» para o medo, e também para a dor? Bem, existem muitos pontos de relação.

501. À expressão: «Não consigo pensar nisso sem medo» responde-se: «Não há motivos para medo, porque...» Este é, em todo caso, um meio de afastar o medo. Contraste com dor.

502. O facto de existir uma síndrome de medo constituída por sensações, pensamentos, etc. (por exemplo), não significa que o medo é uma síndrome.

503. Se alguém representar desgosto no estúdio, tomará decerto facilmente consciência das tensões no seu rosto. Mas aflige-te realmente, ou assiste a uma cena triste num filme e pergunta-te se estavas consciente do teu rosto.

504. O amor não é uma sensação. O amor é posto à prova, a dor não. Não dizemos: «Isto não era dor verdadeira, ou não teria desaparecido tão rapidamente.»

505. Uma ligação entre estados de espírito e impressões sensoriais é utilizarmos conceitos de estados de espírito para descrever impressões sensoriais e imagens. Sobre um tema, uma paisagem, dizemos que é triste, alegre, etc. Mas ainda mais importante, claro, é utilizarmos todos os conceitos de estados de espírito para descrever rostos, acções, comportamentos.

506. Uma boca simpática, olhos simpáticos. Em que termos se pensa numa mão simpática? — Provavelmente aberta, e não como um punho. — E poder-se-ia pensar na cor do cabelo de um homem como uma expressão de simpatia ou do contrário? — Mas, posta desta maneira, a questão parece ser se *conseguimos*. A questão devia ser: Queremos chamar a algo uma cor de cabelo simpática ou antipática? Se quiséssemos atribuir um sentido a estas palavras, deveríamos talvez imaginar um homem cujos cabelos escurecessem quando se zangasse. A leitura de uma expressão de zanga em cabelos escuros aconteceria contudo, *mediante* uma concepção previamente existente.

Pode dizer-se: Os olhos simpáticos, a boca simpática, o abanar de cauda de um cão, estão entre os símbolos de amizade primários e mutuamente independentes; quero dizer: são partes do fenómeno a que se chama amizade. Se se pretende imaginar mais manifestações como expressão de amizade, julgamos descobrir estes símbolos nelas. Dizemos: «Tem um olhar sombrio», talvez porque os olhos são mais sombreados pelas sobrancelhas; e agora transferimos a ideia de escuridão para a cor do cabelo.

507. Se alguém perguntar se o prazer é uma sensação, provavelmente não distingue entre motivo e causa, porque de outro modo ocorrer-lhe-ia que se tem prazer *em algo*, o que não significa que este algo nos provoque uma sensação.

508. Mas, de qualquer maneira, o prazer acompanha uma expressão facial; e embora não o vejamos em nós mesmos, mesmo assim damos conta dele.

509. É bem possível que as glândulas de uma pessoa triste segreguem diferentemente das de uma pessoa que esteja alegre; e também que a sua secreção seja a ou uma causa de tristeza. Mas daí não se segue que a tristeza é uma *sensação* produzida por esta secreção?

510. Mas o pensamento aqui é: «Apesar de tudo, tu *sentes* tristeza — logo, tens de a sentir *algures;* de outra forma seria uma quimera.» Mas se queres pensar isso, lembra-te da diferença entre ver e dor. Sinto dor na ferida — mas cor nos olhos? Se tentarmos aqui usar um esquema, em vez de apenas notar o que é realmente comum, vemos tudo falsamente simplificado.

511. Mas se se quisesse encontrar uma analogia para o local da dor, não seria decerto o espírito (como, por exemplo, o local da dor física não é o corpo), mas o *objecto* de arrependimento.

512. Supõe que se dizia: a alegria é uma sensação e a tristeza consiste em *não* estar alegre. — A ausência de uma sensação é uma sensação?

513. Fala-se de um sentimento de convicção, porque existe um tom de convicção. Pois a amarca característica de todos os 'sentimentos' é que existe uma expressão sua, *i. e.,* expressão facial, gestos.

514. Agora poderia dizer-se o seguinte: o rosto de uma pessoa não tem de modo algum um aspecto constante. Altera-se de um momento para o outro: por vezes, apenas um pouco; por vezes, a ponto de se tornar irreconhecível. No entanto, é possível fazer um desenho da sua fisionomia. Claro que um desenho em que o rosto sorri não mostra como é quando chora. Mas permite deduções. — E desta forma seria também possível descrever um tipo de fisionomia média de crença (por exemplo).

515. Dou sinais de deleite e de compreensão.

516. 'Conhecer bem' pode denominar-se como vivência? Certamente que não. Mas há vivências características da condição de se conhecer bem e não se conhecer bem. (Não se conhecer bem e mentir.)

517. Mas é certamente importante que todas estas paráfrases existam! Que a preocupação pode descrever-se com as palavras como: «a descida de uma nuvem permanente». Talvez nunca tenha salientado suficientemente a importância deste parafrasear.

518. Por que pode um cão sentir medo, mas não remorso? Seria correcto dizer «Porque não sabe falar»?

519. Só quem pode reflectir sobre o passado pode arrepender-se. Mas isto não significa como facto empírico que só esse alguém é capaz de ter a sensação de arrependimento.

520. Nada há de surpreendente no facto de determinados conceitos serem apenas aplicáveis a um ser que, por exemplo, possua uma linguagem.

521. «O cão quer *dizer algo* ao abanar a cauda.» — Que fundamentos se dariam para assim falar? Diz-se também: «Ao deixar cair as folhas, a planta quer dizer que necessita de água»?

522. Dificilmente perguntaríamos se o crocodilo quer dizer algo ao aproximar-se de uma pessoa com as fauces abertas? E devíamos declarar que, uma vez que o crocodilo não pode pensar, não se trata aqui de uma questão de significado.

523. Esqueçamos completamente que estamos interessados no estado de espírito de um homem assustado. Sem dúvida, em certas circunstâncias, poderemos também interessarnos pelo seu comportamento, enquanto indício de como se comportará no futuro. Então por que não haveremos de ter uma palavra para isto?
Poderia agora perguntar-se tal palavra se relaciona realmente apenas com comportamento, apenas com alterações corporais. E isto pode negar-se. De nada serve simplificar assim a utilização desta palavra. Relaciona-se com o comportamento

sob determinadas circunstâncias externas. Se observarmos estas circunstâncias e este comportamento, dizemos que o homem é... ou tem...

524. Poderia haver um conceito de medo apenas aplicável a animais e, por conseguinte, apenas através da observação. — Mas não queres dizer que um tal conceito não tem utilidade. O verbo que corresponderia aproximadamente à palavra «temer» não teria então primeira pessoa, e nenhuma das suas formas seria uma expressão de medo.

525. Quero agora dizer que os seres humanos que empregam tal conceito *não* teriam de ser capazes de descrever o seu uso. E quando o tentam, é possível que dessem uma descrição muito inadequada. (Como a maioria das pessoas, se tentassem descrever correctamente a utilização do dinheiro.) (Não estão preparadas para esta tarefa.)

526. Se alguém se comporta de tal e tal maneira em tal e tal circunstância, dizemos que está triste. (Também o dizemos de um cão.) Nessa medida, não pode dizer-se que o comportamento é a *causa* da tristeza: é o seu sintoma. Nem seria correcto chamar-lhe efeito da tristeza. — Se ele o diz de si próprio (que está triste) não dará como razão, geralmente, o seu rosto triste. Mas então isto: «A experiência ensinou-me que fico triste logo que começo a estar ali tristemente sentado, etc.» Isto poderia ter dois significados diferentes. Primeiro: «Logo que, após uma leve inclinação, me permito comportar-me de tal forma, caio num estado em que tenho de persistir neste comportamento.» — Em segundo lugar, contudo, esta frase poderia conter uma especulação acerca da causa da tristeza humana; do conteúdo de que, se pudesses, de uma forma ou de outra, produzir certos estados corporais, tornarias o homem triste. Mas aqui surge a dificuldade de que não se deveria chamar triste a um homem, se ele *parecesse* e agisse tristemente em todas as circunstâncias. Se ensinássemos a tal pessoa a expressão «estou triste» e ela estivesse sempre a dizê-lo com uma expressão de tristeza, tais palavras, como os outros signos, teriam perdido o seu sentido habitual.

527. Não é como se estivéssemos a tentar imaginar uma expressão facial, que não fosse susceptível de alterações graduais e difíceis de captar, mas que tivesse, digamos, apenas cinco posições; quando mudasse, seria bruscamente de uma para outra. Este sorriso fixo, por exemplo, seria realmente um sorriso? E por que não? — «Sorrir» é o nome que damos a uma expressão dentro de um jogo normal de expressões. — Eu poderia não reagir da mesma forma que a um sorriso. Por exemplo, a expressão não me faria sorrir. Queremos dizer: «Não admira que tenhamos este conceito *nestas* circunstâncias.»

528. Uma construção auxiliar. Uma tribo que queremos escravizar. O governo e os cientistas anunciam que o povo dessa tribo não tem alma; portanto, pode ser utilizado para qualquer fim arbitrário. Naturalmente, mesmo assim estamos interessados na sua linguagem; pois queremos certamente dar-lhes ordens e obter informações. Queremos também saber o que dizem uns aos outros, uma vez que isto se liga ao resto do seu comportamento. Mas temos também de nos interessar pelo que neles corresponde às nossas 'expressões psicológicas', uma vez que queremos mantê-los em forma para trabalhar; por esta razão, as suas manifestações de dor, de indisposição, de depressão, de alegria de viver são importantes para nós. Descobrimos mesmo que produz bons resultados usar estas pessoas como sujeitos experimentais em laboratórios fisiológicos e psicológicos, uma vez que as suas reacções — incluindo as reacções linguísticas — são as dos seres humanos dotados de alma. Descobriu-se também que se pode transmitir a estes seres a nossa linguagem em vez da deles, através de um método que se assemelha muito à nossa 'instrução'.

529. Estas criaturas aprendem agora, por exemplo, a calcular, aprendem cálculo oral ou escrito. Mas, através de um método qualquer, tornamo-los capazes de dizer o resultado de uma multiplicação depois de, sem que tenham escrito ou falado, procederem de uma forma 'reflectida' durante algum tempo. Se considerarmos o modo como aprendem este 'calcular

de cabeça', juntamente com os fenómenos circundantes, desponta então a imagem de que o processo de calcular estava por assim dizer submerso e se desenrola agora *sob* a superfície.

Para fins diversos precisamos decerto de uma ordem como «Calcula isto de cabeça»; uma pergunta como «Já calculaste?»; e mesmo «Em que ponto vais?»; uma afirmação «Calculei...» por parte do autómato; etc. Em resumo: tudo o que dizemos entre nós sobre calcular de cabeça interessa-nos, quando o dizem. E o que vale para o calcular de cabeça é válido também para todas as outras formas de pensar. — Se algum de nós expressar a opinião de que estes seres, no fim de contas, *têm* de ter algum tipo de alma, rimo-nos dele.

530. Os escravos também dizem: «Quando ouvi a palavra 'banco', ela significou... para mim.» Pergunta: *Que* técnica de utilização de linguagem está por trás do que dizem? Pois tudo depende disso. Que lhes ensinámos, que utilização para a palavra «significar»? E que deduzimos da sua expressão, se é que deduzimos alguma coisa? — Com efeito, mesmo que não possamos fazer nada com ela, pode mesmo assim interessar-nos como curiosidade. Imaginemos uma tribo de homens que desconheçam os sonhos e oiçam as nossas narrativas sobre os mesmos. Um de nós tinha ido para junto deste povo não sonhador e aprendido aos poucos a fazer-se entender por eles. — Talvez se pense que eles nunca entenderiam a palavra «sonhar». Mas em breve descobririam uma utilização para ela. E os seus médicos poderiam muito bem interessar-se pelo fenómeno e fazer inferências importantes a partir dos sonhos do estrangeiro. — Nem tão-pouco pode dizer-se que para estes povos o verbo «sonhar» não poderia senão querer dizer: contar um sonho. Porque o estrangeiro usaria certamente as expressões «sonhar» e «contar um sonho», e o povo dessa tribo não poderia confundir «Eu sonhei...» com «Eu contei o sonho...»

531. «Suponho que uma imagem lhe paira no espírito» .— Poderia eu também admitir que a este fogão ocorresse uma

imagem? — E por que razão isto parece impossível? Será então necessária a forma humana para tal?

532. O conceito de dor é caracterizado pela sua função particular na nossa vida.

533. A dor tem *esta* posição na nossa vida; tem *estas* conexões. (O que equivale a dizer: apenas chamamos «dor» ao que tem *esta* posição, *estas* conexões.)

534. Só no meio de determinadas manifestações normais da vida há uma expressão de dor. Só no meio de manifestações da vida ainda com maior alcance existe a expressão de desgosto ou de simpatia. Etc.

535. Se eu, e qualquer outra pessoa, podemos imaginar uma dor ou pelo menos dizemos que podemos — como se pode descobrir se a estamos a imaginar correctamente e com que exactidão?

536. Posso saber que ele tem dores, mas nunca sei o grau exacto da dor. Eis, portanto, algo que ele sabe e que a sua expressão de dor não me revela. Algo puramente privado.
Ele sabe exactamente a intensidade da sua dor? (Não será isto semelhante a dizermos que ele sabe sempre exactamente onde está? Ou seja, aqui.) O conceito de grau será dado com a dor?

537. Dizes que tratas de um homem que gema, porque a experiência te ensinou que também tu gemes quando te sentes desta ou daquela maneira. Mas como na realidade não tiras tal conclusão, podemos abandonar a justificação por analogia.

538. Tão-pouco faz sentido dizer: «Não me preocupo com os meus gemidos, porque *sei* que estou com dores» — ou «porque *sinto* a minha dor».
No entanto, isto é perfeitamente verdade: — «Não me preocupo com os meus gemidos».

539. Concluo que ele necessita de ir ao médico através da observação do seu comportamento; mas *não* tiro esta conclusão no meu próprio caso, através da observação do meu comportamento. Ou melhor: às vezes, também faço isso, mas *não* em casos paralelos.

540. Ajuda aqui lembrar que é uma reacção primitiva cuidar, tratar o órgão que dói, quando uma outra pessoa está com dores; e não apenas quando nós próprios estamos — e desta forma prestar atenção ao comportamento de dor de outras pessoas, de uma forma que *não* prestamos quando se trata do nosso próprio comportamento de dor.

541. Mas que quer dizer aqui a palavra «primitiva»? Provavelmente que este tipo de comportamento é *pré-linguístico:* que um jogo de linguagem se baseia *nele,* que é o protótipo de uma forma de pensar, e não o resultado do pensamento.

542. Pode dizer-se «pôr a carroça à frente dos bois» acerca de uma explicação como a seguinte: cuidamos de alguém porque, por analogia com o nosso próprio caso, pensamos que ele está também a sentir dores. — Em vez de dizer: chegar a conhecer um novo aspecto deste capítulo do comportamento humano — desta utilização da linguagem.

543. A minha relação com as aparências é aqui parte do meu conceito.

544. Ao dizermos a um médico que temos tido dores — em que casos se torna útil para ele imaginar a dor? — E não acontece isto de várias maneiras? (Tão variadas como: evocar a dor.) (Saber com que se parece alguém.)

545. Imagina que alguém explica deste modo como uma criança aprende o uso da palavra «dor»: quando uma criança se comporta de tal ou tal modo em determinadas ocasiões, penso que está a sentir o que eu sinto nesses casos; e se assim é, a criança associa a palavra com o que sente e emprega a pa-

lavra quando essa sensação reaparece. — *O que* é que esta explicação explica? Interroga-te: *que* tipo de ignorância afasta? — Ter a certeza de que alguém tem dores, duvidar de se tem ou não, etc., são outros tantos tipos de comportamento naturais e instintivos para com os outros seres humanos, e a nossa linguagem é apenas um auxiliar e uma extensão suplementar desta relação. O nosso jogo de linguagem é uma extensão do comportamento primitivo. (Com efeito, o nosso *jogo de linguagem* é comportamento.) (Instinto.)

546. «Não tenho a certeza de se ele está com dores.» — Imagina agora que alguém se espetava sempre com um alfinete quando dissesse isto, de forma a ter intensamente presente o significado da palavra «dor» (para não se contentar com a imaginação) e a saber *aquilo* de que duvida acerca do outro homem. — Estaria agora garantido o sentido desta afirmação?

547. Assim ele sente dores genuínas, e é em relação à posse *disto* por parte de outra pessoa que ele põe dúvidas. — Mas como o faz? — É como se me dissessem: «Aqui está uma cadeira. Consegues vê-la perfeitamente? — Bom — agora tradu-la para francês!»

548. Ele tem, pois, dores genuínas; e agora sabe do que duvidar no caso de uma outra pessoa. Tem perante si o objecto e *não* é uma parte de comportamento ou coisa igual. (Mas agora!) Para duvidar de se uma outra pessoa está com dores precisa, não de dor, mas do *conceito* 'dor'.

549. É enganador chamar à expressão de uma sensação uma *afirmação,* porque 'experimentação', 'justificação', 'confirmação', 'reforço' da afirmação estão ligados à palavra «afirmação» no jogo de linguagem.

550. Para que serve a afirmação: «*Tenho* algo, se tiver uma dor»?

551. «O cheiro é maravilhoso!» Existe aqui a dúvida de se é o cheiro que é maravilhoso?
É uma propriedade do cheiro? — Por que não? É uma propriedade do dez ser divisível por dois e também de ser o número de dedos que tenho.
Poderia, no entanto, existir numa linguagem em que as pessoas apenas fechassem os olhos e dissessem «Oh, este cheiro!» e não existisse uma frase com sujeito-predicado equivalente à expressão. É simplesmente uma reacção 'específica'.

552. Não é apenas a imagem do comportamento que pertence ao jogo de linguagem com as palavras «ele está com dores» — queríamos dizer — mas também a imagem da dor. — Mas temos de ter cuidado aqui: pensa no meu exemplo de mesas privadas que não pertencem ao *jogo*. — A impressão de uma 'mesa privada' no jogo surge graças à *ausência* de uma mesa e da semelhança do jogo com aquele que é jogado com uma mesa ([1]).

553. Lembra-te: empregamos frequentemente a frase «Não sei» de uma forma estranha; quando, por exemplo, dizemos que não sabemos se este homem sente realmente mais do que o outro, ou apenas dá uma expressão mais forte à sua sensação.
Neste caso, não temos a certeza de que tipo de investigação poderia resolver a questão. Claro que a expressão não é de todo sem fundamento: queremos dizer que podemos certamente comparar, uma com a outra, as sensações de A e B, mas que as circunstâncias de uma comparação de A com C nos confundirão.

554. Que a evidência torna a sensação (isto é, o que é interior) de alguém *meramente* provável não é o que nos interessa aqui; o que estamos a considerar é que *isso* se considera como *prova* de algo importante; que baseamos um juízo *neste*

([1]) Ver *Philosophische Untersuchungen*, § 300. Eds.

confuso tipo de evidência e, por conseguinte, *tal* prova tem uma importância especial nas nossas vidas e é salientada por um conceito. ((O 'interior' e o 'exterior', uma *imagem*.))

555. A 'incerteza' não se relaciona com o caso particular, mas com o método, com as regras da evidência.

556. A incerteza não se baseia no facto de ele não trazer a sua dor na manga. E não existe uma incerteza *em cada caso particular*. Se se disputasse a fronteira entre dois países, resultaria daí que o país a que cada indivíduo residente pertencesse seria incerto?

557. Imagina que as pessoas podiam observar o funcionamento do sistema nervoso nos outros. Nesse caso, teriam uma maneira certa de distinguir a sensação genuína da simulada. — Ou poderiam, afinal, duvidar de se alguém sente alguma coisa quando os sinais estão presentes? — O que ali vêem poderia, de qualquer forma, imaginar-se prontamente para determinar a reacção sem que a tal respeito tivessem quaisquer escrúpulos.
Isto pode agora transpor-se para o comportamento exterior.
Esta observação determina totalmente a sua atitude para com os outros e a dúvida não surge.

558. Há decerto o caso em que alguém, mais tarde, me revela o seu íntimo através de uma confissão: mas lá por isso acontecer não me fornece qualquer explicação de exterior e interior, pois tenho de dar crédito à confissão.
A confissão é, sim, evidentemente algo de exterior.

559. Considera as pessoas que duvidam mesmo nestas circunstâncias, e aquelas que não duvidam.

560. Só Deus vê os pensamentos mais íntimos. Mas por que hão-de estes ser todos tão importantes? Alguns são importantes, não todos. E precisam todos os seres humanos de os considerar importantes?

561. *Um* tipo de incerteza é aquele com que poderíamos encarar um mecanismo que não nos é familiar. Noutro, possivelmente, evocaríamos uma ocasião na nossa vida. Poderia, por exemplo, acontecer que alguém se que tenha recentemente subtraído ao medo da morte se esquivasse a esmagar uma mosca, embora de outra forma o fizesse sem pensar duas vezes. Ou que, por outro lado, tendo esta vivência presente, faça com hesitação o que normalmente faria sem hesitar.

562. Mesmo quando 'não fico seguro da minha compaixão' não preciso de pensar na incerteza sobre o seu último comportamento.

563. Uma incerteza é, por assim dizer, causada por ti, a outra por ele.
Poderia dizer-se então que uma se relaciona com uma analogia, mas não a outra. Mas não como se estivesse a tirar uma conclusão da analogia!

564. Se, no entanto, duvidar de se uma aranha sente dor, não é por não saber o que esperar.

565. Mas não podemos deixar de formar uma imagem de um processo mental. E não é por o conhecermos no nosso próprio caso!

566. A atitude, o comportamento de confiança, não poderiam ser universais entre um grupo de pessoas? E de que modo a dúvida sobre manifestações de sensações lhes é completamente alheia?

567. Como poderiam descrever-se os comportamentos humanos? Com toda a certeza, só através do esboço das acções de vários seres humanos, uma vez que todos eles estão misturados. O que determina o nosso juízo, os nossos conceitos e reacções não é o que *um* homem está a fazer *agora*, uma acção individual, mas a agitação total de acções humanas, o fundo sobre o qual vemos a acção.

568. Se a vida fosse um tapete, este desenho (simulação, digamos) não está sempre completo e é variado de muitos modos. Mas nós, no nosso mundo conceptual, vemos sempre o mesmo a reaparecer com variações. É assim que os nossos conceitos o aprendem. Pois os conceitos não são para ser empregues só uma vez ([1]).

569. E um desenho no tapete está entrelaçado com muitos outros.

570. «*Não* se pode simular assim». — Isto pode ser uma questão de experiência — a saber, que alguém que se comporte *assim,* mais tarde se comporte de tal e tal forma; mas pode também tratar-se de uma estipulação conceptual («Isso não seria ainda simulação»); e ambos podem estar ligados.
A isto já não se pode chamar «simulação».
(Com efeito, não se teria dito que os planetas *tinham* de se deslocar em círculos, se não tivesse parecido *que* eles se deslocam em círculos).
((Compara: «Não se pode falar assim sem pensar», «Não se pode agir assim involuntariamente»)).

571. Não poderias imaginar um outro meio em que também isto se pudesse interpretar como simulação? Não terá qualquer comportamento de permitir tal interpretação?
Mas o que significa dizer que todo o comportamento *poderia* ser sempre simulação? Foi a experiência que nos ensinou isso? De que outra forma podemos ser ensinados sobre simulação? Não, é uma observação sobre o conceito 'simulação'. Mas então este conceito seria inutilizável, porque simular não teria qualquer critério no comportamento.

572. Não existe aqui algo de parecido com a relação entre geometria euclidiana e a experiência dos sentidos? (Quero dizer que existe uma profunda semelhança). Pois a geometria

---

([1]) Ver *Philosophische Untersuchungen,* p. 174. Eds.

euclidiana também só corresponde à experiência de uma forma que não é de todo fácil compreender, e não apenas como algo mais exacto corresponde à sua contrapartida menos exacta.

573. Existe confiança e desconfiança no comportamento!
Se, por exemplo, alguém se queixar, posso reagir de uma forma confiante, com total segurança, ou posso reagir inseguramente, como alguém que tem dúvidas. Não são necessárias palavras nem pensamentos para isso.

574. O que ele diz que tem, e o que eu digo que tenho, sem que tiremos esta conclusão de qualquer tipo de observação — será o mesmo que aquilo que deduzimos através da observação do comportamento de outra pessoa e das suas *expressões* de convicção?

575. Poderá dizer-se que *deduzo* que ele vai agir como *tenciona* agir? (Caso do gesto errado.)

576. Por que razão nunca deduzo as minhas acções prováveis a partir das minhas palavras? Pela mesma razão por que não deduzo o comportamento provável a partir da minha expressão facial. — Com efeito, o que é interessante não é o facto de não deduzir a minha emoção a partir da minha expressão emocional, mas que também não deduza o meu comportamento posterior a partir dessa expressão, como o fazem as outras pessoas que me observam.

577. Voluntários são certos movimentos com o seu *contexto* habitual de intenção, aprendizagem, tentativa e acção. Movimentos sobre os quais faz sentido dizer que são às vezes voluntários e às vezes involuntários, são movimentos num contexto especial.

578. Se alguém nos dissesse agora que *ele* come involuntariamente — que prova nos faria acreditar nisto?

579. Uma pessoa pode provocar um espirro ou um ataque de tosse a si mesma, mas não um movimento voluntário. E a vontade não provoca o espirro, nem o andar.

580. A minha expressão ([1]) surgiu de eu pensar na vontade como uma espécie de produto — não como um caso de causação, mas — queria dizer — como um produto directo, não-causal. E a base desta ideia é imaginarmos que a relação causal é a ligação de duas partes da máquina através de um mecanismo, por exemplo, uma engrenagem de rodas dentadas.

581. «Faço o mais que posso» é a expressão de uma vivência? — Uma diferença: Diz-se «Faz o que puderes».

582. Se alguém me encontra na rua e me pergunta «Onde vais?» e eu respondo «Não sei», ele presume que não tenho nenhuma *intenção* definida; não presume que não sei se poderei levar a cabo a minha intenção. (Hebel.) ([2])

583. Qual é a diferença entre estas duas coisas: Seguir involuntariamente uma linha — Seguir intencionalmente uma linha?
Qual é a diferença entre estas duas coisas: Traçar uma linha com cuidado e grande atenção — Observar atentamente como a minha mão segue uma linha?

584. Algumas diferenças são fáceis de indicar. Fica-se a prever o que a mão irá fazer.

585. A experiência de chegar a conhecer uma nova experiência. Ao escrever, por exemplo. Quando se diz que se tomou conhecimento de uma nova experiência. Como se emprega tal proposição?

([1]) Ver *Philosophische Untersuchungen*, § 613. Eds.
([2]) *Schatzkästlein*, Zwei Erzählungen. Eds.

586. Escrever é certamente um movimento voluntário e, no entanto, é automático. E não se trata evidentemente de uma sensação de cada movimento ao escrever. Sente-se algo, mas não se pode talvez analisar a sensação. A nossa mão escreve; não escreve porque se quer, mas quer-se aquilo que ela escreve.
Não se olha para ela admirado ou com interesse enquanto escreve; não se pensa «Que irá escrever agora?» Mas não porque se desejou que escrevesse aquilo. Com efeito, o facto de ela escrever o que quero poderia causar-me admiração.

587. Uma criança aprende a andar, a gatinhar, a brincar. Não aprende a jogar voluntária ou involuntariamente. Mas o que transforma os seus movimentos do jogo em movimentos voluntários? — Como seria se fossem involuntários? — Poderia igualmente perguntar: o que torna este movimento num jogo? — As suas características e o seu contexto.

588. Activo e passivo. Pode dar-se uma ordem ou não? Isto pode parecer uma distinção forçada, mas não é. É como: «Pode decidir-se (possibilidade *lógica*) ou não?» — E isto quer dizer: como está rodeada de pensamentos, sensações, etc.?

589. «Quando faço um esforço, certamente *faço* algo, não tenho apenas uma sensação». E é assim. Pois dizemos a alguém «Faz um esforço» e ele pode expressar a sua intenção: «Agora vou fazer um esforço». E se diz «Não posso mais» — isto não significa «Não posso mais com a impressão nos meus membros» — de dor, por exemplo. — Contudo, por outro lado, *sofre-se* de se fazer um esforço como se sofre de dor. «Estou completamente exausto» — se alguém dissesse isto, mas se movesse com a vivacidade usual, não o compreenderíamos.

590. Já antes me ocorreu a ligação do nosso problema principal com o problema epistemológico da vontade. Quando um problema tão persistente como este se apresenta em psi-

cologia, não é nunca uma questão sobre factos de experiência (um problema destes é sempre muito mais tratável), mas uma questão lógica, portanto, uma questão gramatical.

591. O meu próprio comportamento é às vezes — mas *raramente* — o objecto da minha observação. E isto está ligado ao facto de planear o meu comportamento. Mesmo que um actor observe as suas próprias expressões num espelho, ou um músico preste muita atenção a cada nota que toca e a julga, fá--lo para orientar a sua acção conformemente.

592. Que significa dizer, por exemplo, que a auto-observação torna incertos a minha acção, os meus movimentos?
Não posso observar-me despercebido. E não me observo com o mesmo fim com que observo outra pessoa.

593. Se uma criança bate os pés e grita com fúria — quem diria que o faz involuntariamente? E porquê? Por que se presume que não o está fazer involuntariamente? Quais são os *sinais* da acção involuntária? Existem tais sinais? — Então quais são os sinais do movimento involuntário? Este não obedece a ordens como o movimento voluntário. Temos «Vem cá», «Vai ali», «Faz este movimento com o braço»; mas não «Faz bater o teu coração».

594. Existe uma acção combinada de movimentos, palavras, expressões faciais, assim como de manifestações de relutância ou de boa-vontade, que são características dos movimentos voluntários de um ser humano normal. Se se chama por uma criança, ela não vem automaticamente: há, por exemplo, o gesto «Não quero ir!». Ou vir alegremente, a decisão de vir, fugir com sinais de medo, os efeitos de ser interpelada, todas as reacções do jogo, os sinais e os efeitos da reflexão.

595. Como poderia provar a mim mesmo que posso mexer voluntariamente o meu braço? Por exemplo, dizendo-me: «Agora, vou mexê-lo», e ele então move-se? Ou deveria dizer

«Simplesmente mexendo-o»? Mas como sei se o fiz, e que não se mexeu apenas por acaso? Será que no fundo o sinto, afinal? E supondo que a minha memória de sensações anteriores me enganava e não eram essas as sensações determinantes! (E quais são as correctas?) E como é que uma outra pessoa sabe se eu mexi o braço voluntariamente? Talvez lhe diga «Manda-me fazer qualquer movimento que queiras e, para te convencer, eu faço-o». — E o que sentes no braço? «Bem, a sensação vulgar». Não há nada de invulgar nas sensações — o braço não está insensível, por exemplo (como se tivesse 'adormecido').

596. Se não sei que um movimento do meu corpo se realiza ou realizou, chamar-se-á a este movimento involuntário. — Mas, então, como é quando apenas *tento* levantar um peso, e portanto há um movimento que não se chega a realizar? Como seria se alguém se esforçasse por levantar um peso? Em que circunstâncias se chamaria a *este* comportamento 'involuntário'?

597. O descanso não pode ser tão voluntário como o movimento? A cessação do movimento não pode ser voluntária? Que melhor argumento contra uma sensação de inervação?

598. Que conceito estranho é 'tentar', 'pretender': tudo o que se pode 'pretender fazer'! (Tentamos lembrar-nos, levantar um peso, reparar, não pensar em nada.) Mas também se poderia dizer: como é singular o conceito 'fazer'! Quais são as relações de afinidade entre 'falar' e 'pensar', entre 'falar' e 'falar interiormente'? (Compara a relação de afinidade entre espécies de números.)

599. Tiram-se conclusões muito diferentes de um movimento involuntário e de um voluntário: isto *caracteriza* o movimento voluntário.

600. Mas como sei que este movimento foi involuntário? — Não o sei, exprimo-o.

601. «Estou a puxar com toda a força que tenho». Como o sei? É a sensação nos meus músculos que mo diz? As palavras são um sinal; e têm uma *função*. Mas, então, não experimento nada? Algo de peculiar? Uma sensação específica de esforço e de não-conseguir-fazer-mais-nada, de chegar ao limite? Sem dúvida, mas estas expressões nada mais dizem do que «Estou a puxar com toda a força que tenho.»

602. Compara este caso: Alguém deve dizer o que sente quando um peso assenta na palma da sua mão. Posso agora imaginar aqui uma cisão: por um lado, diz a si próprio que o que sente é uma pressão contra a superfície da mão e uma tensão nos músculos do braço; por outro, quer dizer: «Mas isso não é tudo! Sinto certamente uma força, uma tendência descendente por parte do peso.» — Tem então a sensação de tal 'tendência'? Sim: quando pensa na 'tendência'. Com a palavra 'tendência' há uma imagem definida, um gesto, um tom de voz; e podes ver nisto a vivência da tendência.

(Pensa também nisto: Algumas pessoas dizem tal ou tal pessoa 'produz um fluido' — É esta a origem da palavra «influência».)

603. A imprevisibilidade do comportamento humano. Se não fosse isso — diríamos ainda que nunca se pode saber o que se passa com qualquer outra pessoa?

604. Mas como seria se o comportamento humano não fosse imprevisível? Como o devemos imaginar? (Quer dizer: como deveríamos descrevê-lo com pormenor, quais as ligações que deveríamos presumir?)

605. Uma das ideias mais perigosas para um filósofo é, estranhamente, que pensemos com a cabeça ou dentro da cabeça.

606. A ideia do pensar como um processo dentro da cabeça, dentro de um espaço completamente cercado, confere-lhe algo de oculto.

607. Será o pensar um processo *orgânico* do espírito, específico, por assim dizer — como que mastigar e digerir no espírito? Podemos substituí-lo por um processo inorgânico que cumpra o mesmo fim, por assim dizer, arranjar uma prótese para pensar? Como teríamos de imaginar uma prótese do pensamento?

608. Nenhuma suposição me parece mais natural do que a de não existir no cérebro um processo relacionado com o associar ou o pensar; de forma que seria impossível recolher os processos do pensamento a partir dos processos do cérebro. Quero dizer: se falo ou escrevo, presumo que há um sistema de impulsos que saem do meu cérebro e estão relacionados com os meus pensamentos falados ou escritos. Mas por que deveria o *sistema* continuar na direcção do centro? Por que não poderia esta ordem provir, por assim dizer, do caos? O caso seria como o seguinte — algumas espécies de plantas reproduzem-se por sementes, de modo que uma semente produz sempre uma planta da mesma espécie daquela a partir da qual foi produzida — mas *nada* na semente corresponde à planta, que é resultado dela; pelo que é impossível deduzir as propriedades ou a estrutura da planta a partir das da semente que dela sai — isto pode apenas ser feito a partir da *história* da semente. Portanto, um organismo poderia nascer mesmo de algo completamente amorfo, por assim dizer, sem causa; e não há razão por que isto não seja assim em relação aos nossos pensamentos e, portanto, em relação à nossa fala ou escrita.

609. É, pois, perfeitamente possível que determinados fenómenos psicológicos *não possam* investigar-se fisiologicamente, porque nada lhes corresponde no plano fisiológico.

610. Vi este homem há anos: agora vi-o outra vez, reconheço-o, lembro-me do seu nome. E por que razão tem de haver uma causa desta memória no meu sistema nervoso? Por que razão tem algo, seja o que for, de ser armazenado ali *em qualquer forma?* Por que razão *teve* ele de deixar um rasto? Por que não poderia haver uma regularidade psicológica à

qual não correspondesse *nenhuma* regularidade fisiológica? Se isto perturba o nosso conceito de causalidade, é então altura de ele ser perturbado.

611. O preconceito a favor do paralelismo psico-físico é fruto de interpretações primitivas dos nossos conceitos. Com efeito, se se admite uma causalidade entre fenómenos psicológicos que não seja mediada fisiologicamente, pensa-se que se está a acreditar numa entidade mental gasosa.

612. Imagina o fenómeno seguinte. Se quero que alguém tome nota de um texto que lhe recito, de forma a que mo possa repetir mais tarde, tenho de lhe dar papel e lápis; enquanto falo, ele faz linhas, marcas no papel; se tiver de reproduzir o texto mais tarde, segue essas marcas com os olhos e recita o texto. Mas presumo que a sua anotação não é *escrita,* não está ligado por regras às palavras do texto; no entanto, sem esses apontamentos, é incapaz de reproduzir o texto; e se alguma coisa aí se alterar, se parte dele for destruída, ele atrapalha-se na 'leitura' ou recita o texto incerta ou descuidadamente, ou não consegue de todo encontrar as palavras. — Isto *pode* imaginar-se! — Aquilo a que chamei anotação não seria uma *reprodução* do texto, não seria, por assim dizer, uma tradução com outro simbolismo. O texto não estaria *armazenado* na anotação. E por que razão haveria de estar armazenado no nosso sistema nervoso?

613. Por que não poderia existir uma lei natural relacionando um estado inicial e um estado final de um sistema, mas não cobrindo o estado intermédio? (Mas não se pode pensar em *efeito*.)

614. «Como é que acontece eu ver a árvore em pé, direita, mesmo que incline a cabeça para um lado e, portanto, a imagem retiniana é a de uma árvore que está em pé obliquamente?» Bem, como é que falo de uma árvore que está em pé, direita, mesmo nestas circunstâncias? — «Bem, estou consciente da inclinação da minha cabeça, e assim forneço a cor-

recção necessária na forma como apreendo a minha impressão visual.» — Mas isso não significa confundir o que é primário e o que é secundário? Imagina que não sabemos *nada de nada* sobre a estrutura interna do olho — este problema desapareceria completamente? Não fornecemos qualquer correcção aqui — a explicação é gratuita.

Bem — mas agora que a estrutura do olho se conhece — *como é que acontece* que ajamos, reajamos deste modo? Mas terá de existir aqui uma explicação fisiológica? Por que não nos deixamos de explicações? — Mas nunca falarias assim, se estivesses a examinar o comportamento de uma máquina! — Bem, quem diz que uma criatura viva, um corpo animal, é uma máquina neste sentido?

615. (Ainda não li nunca um comentário sobre o facto de que quando se fecha um olho e «apenas se vê com um olho», não se vê simultaneamente escuridão (negrume) com o olho que está fechado.)

616. A ilimitação do campo visual é mais clara quando não vemos nada na escuridão total ([1]).

617. Que se passa com um homem cego; poderá uma parte da *linguagem* não lhe ser explicada? ou antes não lhe ser *descrita*?

618. Um homem pode dizer que é cego e que as pessoas à sua volta vêm. «Sim, mas afinal não quererá ele dizer algo de diferente do homem com vista quando emprega as palavras 'cego' e 'com vista'?» Qual o fundamento para se dizer isto? Bem, se alguém não soubesse com que se parece um leopardo, mesmo assim poderia dizer e compreender «Este lugar é muito perigoso, há aqui leopardos». Poderia talvez mesmo assim dizer-se que ele não sabe, ou pelo menos não totalmente, o que a palavra «leopardo» significa, até que este animal lhe seja mostrado. Parece-nos que o mesmo acontece com os cegos.

([1]) *Philosophische Bemerkungen*, § 224. Eds.

Não sabem, por assim dizer, o que é o 'nunca ter visto um leopardo'? Quero evidentemente negar isto.

619. Não poderia, por exemplo, fazer a suposição de que ele vê algo vermelho quando lhe bato na cabeça? Isto poderia corresponder a uma experiência no caso de pessoas com vista. Suposto isto, ele continua no entanto a ser cego em termos práticos. O que equivale a dizer que não reage como um ser humano normal. Se, contudo, alguém fosse cego dos olhos, mas, por outro lado, se comportasse de tal forma que fôssemos forçados a dizer que ele via com as palmas das mãos (este comportamento é fácil de imaginar), tratá-lo-íamos como visual e acharíamos possível a utilização de uma tira de papel para lhe explicar a palavra 'vermelho'.

620. Fazes um sinal a alguém quando imaginas uma coisa: usas diferentes sinais para imagens diferentes. — Como é que chegaram a acordo para aquilo que cada sinal deve significar?

621. Representações auditivas, representações visuais — como se distinguem de sensações? Não é pela «vivacidade».
As representações não nos dizem nada, quer de certo quer de errado, sobre o mundo exterior. (As representações não são alucinações, nem fantasias).
Enquanto estou a olhar para um objecto, não consigo imaginá-lo.
Diferença entre jogos de linguagem: «olha para esta figura!» e: «imagina esta figura!».
As representações estão sujeitas à vontade.
As representações não são imagens. Não digo qual o objecto que estou a imaginar pela semelhança entre ele e a representação.
À pergunta «Que imaginas?» pode responder-se com uma imagem.

622. Gostaríamos de dizer: o som imaginado está num *espaço* diferente do ouvido. (Questão: Porquê?) O que se vê num espaço diferente do imaginado.

Ouvir está relacionado com escutar; formar uma imagem de um som, não.
É esta a razão por que o som ouvido está num espaço diferente do som imaginado.

623. Leio uma história e imagino todo o género de imagens enquanto leio, isto é, enquanto estou a olhar atentamente e, a partir daí, a ver nitidamente.

624. Poderia haver pessoas que nunca empregassem a expressão «ver algo com o olho interior» ou outra parecida, e estas pessoas poderiam ser capazes de desenhar e modelar 'a partir da imaginação' ou de memória, mimar outras, etc. Esta pessoa poderia também fechar os olhos ou fixar o vazio como se fosse cega, antes de desenhar algo de memória. E, no entanto, poderia negar que *vê* nessa altura perante si aquilo que vai desenhar. Mas que valor tenho de atribuir a esta expressão? Deveria, a partir *dela,* julgar se ele tem ou não uma representação visual? (Não apenas *ela.* Pensa na expressão: «agora vejo-a perante mim — agora já não». Aqui existe uma duração genuína.)

625. Poderia também ter dito mais cedo: a conexão entre imaginar e ver é forte; mas não existe *semelhança.*
Os jogos de linguagem empregando estes conceitos são radicalmente diferentes — mas estão relacionados.

626. Uma diferença: 'tentar ver algo' e 'tentar conceber uma representação de algo'. No primeiro caso, diz-se: «Olha, ali!», no segundo «Fecha os olhos!»

627. Porque representar é uma actividade voluntária, não nos instrui sobre o mundo exterior.

628. Aquilo que é imaginado não o é no mesmo *espaço* daquilo que é visto. Ver está relacionado com olhar.

629. «Ver e imaginar são fenómenos diferentes». — As palavras «ver» e «imaginar» têm significados diferentes. Os

seus significados referem-se a um grande número de tipos importantes de comportamento humano, a fenómenos da vida humana.

630. Se alguém insiste em que aquilo a que chama uma «representação visual» é semelhante a uma impressão visual, diz a ti mesmo uma vez mais que talvez ele esteja a cometer um erro. Ou: supõe que ele está a *cometer um erro*. Quer dizer: o que sabes acerca da semelhança entre a sua impressão visual e a sua representação visual?! (Falo de outros porque o que é válido para eles é válido para mim também.)
Que sabes então acerca desta semelhança? Apenas se manifesta nas expressões que ele tem tendência a empregar; mas não no que ele diz com estas expressões.

631. «Não há duvida nenhuma: as representações visuais e as impressões visuais são do mesmo tipo!» Isto é algo que deves saber a partir da tua própria experiência; e nesse caso, é algo que pode ser verdade para ti e não para as outras pessoas. (Evidentemente que isto é válido para mim também, se *eu* o digo.)

632. Quando imaginamos algo, não observamos. O aparecimento e desaparecimento de imagens não é algo que nos *acontece*. Não nos surpreendemos com estas imagens, dizendo «olha!» (Contraste, por exemplo, com pós-imagens.)

633. Não 'banimos' impressões visuais, como fazemos com representações. E também não dizemos das primeiras que poderíamos não as banir.

634. Se alguém realmente dissesse «Não sei se agora estou a ver uma árvore ou a ter uma representação dela», pensaria primeiro que ele queria dizer: «ou apenas a imaginar que está ali uma árvore». Se não quer dizer isto, não o entenderia de todo — mas se alguém tentasse explicar-me este caso e dissesse «as suas representações têm tal vivacidade que ele as pode tomar por impressões sensoriais» — compreendê-lo-ia então?

141

635. Mas aqui tem de se distinguir: (*a*) imaginar um rosto humano, por exemplo, mas não no espaço que me rodeia — (*b*) imaginar um quadro naquela parede? Face ao pedido «Imagina uma mancha redonda ali», poderíamos imaginar que estávamos realmente a ver ali uma mancha.

636. A 'imagem da representação' não entra no jogo de linguagem no lugar onde gostaríamos de supor a sua presença.

637. Aprendo o conceito 'ver' juntamente com a descrição daquilo que vejo. Aprendo a observar e a descrever o que observo. Aprendo o conceito 'ter uma representação' num contexto diferente. As descrições do que é visto e imaginado são realmente do mesmo tipo, e uma descrição poderia ser tanto de uma como de outra; mas, sob outros aspectos, os conceitos são profundamente diferentes. O conceito de imaginar é mais como um de fazer do que de receber. Poderia chamar-se a imaginar um acto criativo. (E evidentemente faz-se isso.)

638. «Sim, mas a representação em si mesma, tal como a impressão visual, é certamente a imagem interior, e *tu* estás apenas a falar nas diferenças na produção, na formação e no tratamento da imagem.) A representação não é uma imagem, nem também a impressão visual o é. Nem 'representação' nem 'impressão' são conceitos de uma imagem, embora em ambos os casos haja uma relação com a imagem, diferente em cada caso.

639. O que *chamar* ao «conteúdo empírico» de ver, ao «conteúdo empírico» de imaginar?

640. «Mas não poderia imaginar um conteúdo empírico das representações visuais, não sujeito à vontade, e semelhante neste aspecto às impressões visuais?»

641. (É evidente que não se pode comparar o acto voluntário de fazer representações com mover o corpo; com efeito,

uma outra pessoa tem também competência para julgar se o movimento ocorreu; enquanto com o movimento das minhas representações se trataria sempre do que eu dissesse que via — seja o que for que uma outra pessoa veja. Os objectos realmente móveis ficariam fora de consideração, uma vez que tal não estaria em questão.)

642. Se então uma pessoa dissesse «as representações são imagens interiores, assemelhando-se ou sendo iguais às minhas impressões visuais, apenas sujeitas à minha vontade» — a primeira coisa é que isto ainda não faz sentido.

Pois, se alguém aprendeu a relatar o que vê ali, ou o que lhe *parece* estar ali, não será decerto claro para ele o significado de lhe ordenarem agora que veja *isto* ali, ou agora que *isto* lhe pareça estar ali.

643. «Mexer-se por pura vontade» — que quer isto dizer? Que as imagens de representação obedecem sempre exactamente à minha vontade, ao passo que a minha mão ao desenhar, o meu lápis, não? De qualquer modo seria possível nesse caso dizer: «De modo habitual, imagino exactamente o que quero; hoje foi diferente.» Existirá então um 'fracasso da representação'?

644. Um jogo de linguagem engloba o uso de *várias* palavras.

645. Nada seria mais errado do que dizer: ver e imaginar são actividades diferentes. É o mesmo que se disséssemos que jogar e perder em xadrez são actividades diferentes.

646. Quando em criança aprendemos a empregar as palavras «ver», «olhar», «imaginar», as acções voluntárias e as ordens desempenham um papel neste treino. Mas é um papel diferente para cada uma das três palavras. O jogo de linguagem «olha» e «imagina...» — como posso alguma vez comparar estas expressões? — se queremos treinar alguém a reagir à ordem «Imagina...», temos obviamente de o ensinar de forma di-

ferente. As reacções que pertencem ao último jogo de linguagem não pertencem ao primeiro. Existe decerto uma relação estreita entre esses jogos de linguagem; mas uma semelhança? — Partes de um assemelham-se a partes do outro, mas as partes semelhantes não são homólogas.

647. Poderia imaginar algo de semelhante para jogos reais.

648. Um jogo de linguagem análogo a um fragmento de outro. Um espaço 'esburacado'. (Para «interior e exterior».)

649. Imaginemos uma variante do ténis: estabelece-se como regra deste jogo que o jogador tem de imaginar isto e aquilo ao mesmo tempo que executa determinadas jogadas. (Seja a finalidade desta regra tornar o jogo mais difícil.) A primeira objecção é: é fácil de mais fazer batota neste jogo. Mas esta situação é contornada partindo do princípio de que o jogo é apenas jogado por pessoas honestas e de confiança. Temos, pois, aqui um jogo com jogadas interiores.

Que tipo de jogada é a jogada interior, em que consiste? Consiste em que — de acordo com a regra — ele imagine... — Mas não poderia também dizer-se: *Não sabemos* que tipo de jogada interior ele executa de acordo com a regra; apenas sabemos as suas manifestações. Imaginemos que a jogada interior do jogo é um X, cuja natureza não conhecemos. Ou então: mesmo aqui existem apenas as jogadas exteriores do jogo; a comunicação da regra e aquilo a que se chama 'manifestação do processo interior'. — Não poderá descrever-se o jogo nos três aspectos? Mesmo a descrição com o X 'desconhecido' é um tipo possível de descrição. Um homem diz que a assim denominada jogada 'interior' no jogo não é comparável com uma jogada no jogo no sentido usual — o seguinte diz que *é* comparável desse modo — e o terceiro: é apenas comparável com uma jogada que acontece em segredo, e que ninguém conhece a não ser o agente.

É importante para nós ver os *perigos* da expressão «jogada interior do jogo». É perigoso, porque suscita confusão.

650. Memória: «Ainda nos vejo sentados àquela mesa». — Mas terei realmente a mesma imagem visual — ou uma das que tinha então? Vejo também exactamente a mesa e o meu amigo do mesmo ponto de vista que então, e assim não me vejo a mim próprio? — A minha imagem da memória não é uma prova da situação passada, como uma fotografia que então foi tirada e me convence agora de que naquele tempo as coisas eram assim. A imagem da memória e as palavras da memória encontram-se no *mesmo* nível.

651. Chamarias sinais ao encolher de ombros, ao abanar de cabeça, aos acenos, sobretudo porque estão implantados no uso da nossa *linguagem verbal*.

652. Se se considerar óbvio que um homem tenha prazer nas suas próprias fantasias, recorde-se que fantasia não corresponde a uma imagem pintada, a uma escultura ou a um filme, mas a uma formação complexa de componentes heterogéneas — sinais e imagens.

653. Algumas pessoas relembram um tema musical, fazendo aparecer a imagem da partitura e lendo-a.
Poderia imaginar-se que aquilo a que chamamos «memória» numa pessoa consiste em ela se ver a procurar mentalmente coisas num livro, e que o que ela lê naquele livro é aquilo de que se lembra. (Como *reajo* a uma memória?)

654. Uma experiência da memória pode descrever-se? — Certamente. — Mas aquilo que é semelhante à memória nesta vivência poderá descrever-se? *Que quer isto dizer?* (O aroma indescritível.)

655. «Uma imagem (imagem da imaginação, imagem da memória) de saudade. Pensa-se que já se fez tudo ao falar de uma 'imagem'; pois a saudade é um conteúdo da consciência, e uma imagem sua é algo de (muito) semelhante, embora menos nítida do que o original.
E poderia dizer-se de alguém que representa a saudade no palco que ele experimenta ou tem uma imagem de saudade:

não como uma *explicação* da saudade: não como uma *explicação* da sua acção, mas como uma descrição dela.

656. Ter vergonha de um pensamento. Tem-se vergonha do facto de se ter dito tal e tal frase na imaginação? A linguagem tem uma raiz múltipla; tem raízes, não uma única raiz. [*Nota à margem:* ((Recordar um pensamento, uma intenção.)) Uma *semente*.]

657. «Sabe exactamente a açúcar. «Como é que posso ter tanta certeza disso? Mesmo quando se verifica ser falso. — E o que nos surpreende nisso? Que eu estabeleça uma ligação tão *forte* entre o conceito açúcar e a sensação de gosto. Que eu pareça reconhecer a substância açúcar directamente no gosto.
Mas, em vez da expressão «sabe exactamente...», eu poderia exclamar um «Açúcar!» mais primitivo. E pode então dizer-se que a substância açúcar me ocorre ao espírito, com esta palavra? Como o faz?

658. Posso dizer que este gosto trouxe consigo o nome «açúcar» de um modo imperioso? Ou a imagem de um torrão de açúcar? Nem uma coisa nem outra parecem correctas. A procura do conceito 'açúcar' é de facto imperiosa, exactamente tanto quanto, na realidade, a procura do conceito 'vermelho' o é, quando o utilizamos para descrever o que vemos.

659. Lembro-me de que o açúcar sabia assim. A vivência volta à consciência. Mas, evidentemente: como sei que esta era a vivência anterior? A memória aqui não me vale de nada. Não, com estas palavras — que a vivência volta à consciência... —, estou apenas a transcrever a minha memória, não a descrevê-la.
Mas quando digo «sabe exactamente a açúcar», em grande medida não ocorre nenhuma recordação. Portanto, *não tenho fundamentos para* o meu juízo ou para a minha exclamação. Se alguém perguntar «como sabes que o açúcar sabe assim?» Responderei, na verdade, «comi açúcar milhares de vezes» — mas isto não é uma justificação que eu dou a mim próprio.

660. «Sabe a açúcar.» Uma pessoa lembra-se exactamente e com certeza a que sabe o açúcar. Não digo «penso que o açúcar sabe a isto». Que fenómeno notável!
É precisamente o fenómeno da memória. — Mas será correcto chamar-lhe um fenómeno notável?
É tudo menos notável. Esta certeza não é (por um fio) mais notável do que seria a incerteza. O que é então notável? Dizer eu com certeza «isto sabe a açúcar», ou ser ele realmente açúcar? Ou que outras pessoas achem a mesma coisa?
Se o reconhecimento certo do açúcar é notável, então a incapacidade de o reconhecer sê-lo-ia menos.

661. «Que som tão estranho e assustador. Nunca o esquecerei. E por que não poderíamos dizer o mesmo de recordar («que experiência... estranha...») quando se viu pela primeira vez no passado?

662. Recordar: ver no passado. Poderia chamar-se o mesmo a *sonhar* quando o sonho nos apresenta o passado. Mas recordar, não; pois mesmo que mostrasse cenas com uma clareza alucinatória, é ainda necessário recordar para sabermos que isto é o passado.

663. Mas se a memória nos mostra o passado, como é que nos mostra que é o passado?
Não nos mostra o passado. Não mais do que os nossos sentidos nos mostram o presente.

664. Nem pode dizer-se que nos comunica o passado. Com efeito, mesmo supondo que a memória fosse uma voz audível que nos falasse — como poderíamos compreendê-la? Se, por exemplo, nos diz «Ontem o tempo estava bom», como posso aprender o que «ontem» significa?

665. Mostro a mim próprio alguma coisa apenas *do mesmo modo* que mostro aos outros.

666. Posso exibir a minha boa memória a outra pessoa e também a mim mesmo.
Posso submeter-me a um exame. (Vocabulário, datas.)

667. Mas como forneço a mim próprio um exemplo de recordar? Bem, pergunto a mim próprio «como passei esta manhã?» e dou a mim próprio uma resposta. — Mas o que mostrei realmente a mim próprio? Recordar? Ou seja, como é recordar-se algo? — Deveria ter apresentado o recordar a uma *outra pessoa*, fazendo isso?

668. Esqueces o significado de uma palavra — e depois voltas a lembrá-lo. Que tipo de processos ocorrem aqui? De que nos lembramos que nos ocorre quando evocamos o que a palavra francesa «peut-être» significa?

669. Se me perguntam «Sabes o A B C?» e respondo «Sim», não digo que estou agora a percorrer mentalmente o ABC, ou que me encontro num estado mental especial que é de certa forma equivalente à enunciação do ABC.

670. Pode possuir-se um espelho; possui-se então também o reflexo que ele mostra?

671. Dizer que algo é uma actividade, ter tendência para dizer alguma coisa, é um *estado*. «Mas por que existe?» — Faz tu mesmo o cálculo de como a expressão se emprega.

672. «Enquanto a temperatura da vara não descer abaixo de... esta pode ser forjada.» Assim faz sentido dizer: «Posso forjá-la das cinco às seis horas», isto é, tenho tempo das cinco às seis. — «Enquanto o meu pulso não descer abaixo de... posso fazer o cálculo.» Este cálculo dura um minuto e meio; mas quanto tempo dura *ser capaz de o fazer?* E se o *podes* fazer durante uma hora, estás sempre a começar de novo?

673. A atenção é dinâmica, não estática — gostaríamos de dizer. Começo por comparar a atenção ao olhar fixo, mas não é a isso que chamo atenção; e agora quero dizer que penso ser *impossível* que se possa prestar atenção estaticamente.

674. Se num determinado caso digo: a atenção consiste no estado de preparação para seguir o mais ínfimo movimento

que possa aparecer — isto é suficiente para te mostrar que a atenção não é um olhar fixo: não, este é um conceito de um tipo diferente.

675. Estados: 'Ser capaz de subir uma montanha' pode chamar-se um estado do meu corpo. Digo: «Posso subi-la — quero dizer que sou suficientemente forte.» Compara isto com a seguinte condição de ser capaz. «Sim, posso ir lá» — quero dizer que tenho tempo suficiente.

676. Qual o papel das proposições falsas num jogo de linguagem? Penso existirem vários casos.
(1) Uma pessoa tem de observar os sinais de luzes num cruzamento e dizer a outra pessoa que cores estes mostram. Engana-se e diz uma cor errada.
(2) Fazem-se observações meteorológicas e o tempo para o dia seguinte é previsto a partir delas, segundo determinadas regras. A previsão realiza-se ou não. No primeiro caso, pode dizer-se que ele jogou mal; no segundo, não se pode — como em tempos pensei.
Aqui somos atormentados por uma questão que reza mais ou menos o seguinte: a verificação é também parte do jogo de linguagem?

677. Afirmo: «Se isto acontece, *aquilo* irá acontecer. Se eu estiver certo, pagas-me um xelim, se estiver errado pago-te eu um, se ficar por decidir, nenhum paga». Isto poderia também expressar-se assim: o caso em que o antecedente *não* se realize não nos interessa, não estamos a falar sobre ele. Ou ainda: não achamos natural empregar as palavras «sim» e «não» do mesmo modo que no caso (e existem estes casos) em que estamos interessados na implicação material. Por «Não» queremos aqui dizer «p e não q», por «Sim», apenas «p e q». Não há nenhuma lei do terceiro excluído que diga: ou ganhas a aposta ou a perdes — não há uma terceira possibilidade.

678. Uma pessoa a jogar dados lança primeiro cinco, depois quatro e diz «se tivesse lançado um quatro em vez de cin-

co teria ganho!» A condição não é física mas apenas matemática, porque se poderia responder: se tivesses lançado um quatro primeiro — quem sabe o que teria lançado a seguir?»

679. Se agora disseres «o emprego do conjuntivo assenta na crença na lei natural» — pode contrapor-se: *«Não assenta nessa crença; ele e essa crença estão ao mesmo nível.»* (Ouvi num filme um pai a dizer a uma filha que ele deveria ter casado com uma mulher diferente: *«ela* deveria ter sido tua mãe»! Por que é isto incorrecto?)

680. O destino contrapõe-se à lei natural. Procuramos encontrar bases para a lei natural e utilizá-la, mas não para o destino.

681. «Se p ocorre, então q ocorre» poderia chamar-se uma predição condicional. Isto é, não faço *qualquer* predição para o caso não-p. Mas, por esta razão, o que eu digo também permanece não verificado por «não-p e não-q».
Ou ainda: há predições condicionais e «p implica q» não é uma.

682. Chamo à frase «se p ocorre, então q ocorre» «S». — «S ou não-S» é uma tautologia; mas é (também) a lei do terceiro excluído? — Ou ainda: Se quero dizer que a predição «S» pode estar correcta, errada ou por decidir, isto é expresso pela frase «não (S ou não-S)»?

683. A negação de uma proposição é idêntica à disjunção das casas que exclui? Em alguns casos, é. (Neste, por exemplo: «a permutação dos elementos ABC de que ele tomou nota não era ACB.»)

684. O sentido importante do sinal de afirmação de Frege aprende-se talvez melhor se dissermos: sinaliza claramente o *início da frase.* — Isto é *importante:* pois as nossas dificuldades filosóficas sobre a natureza da 'negação' e do 'pensar' relacionam-se com o facto de que a proposição «⊢ não-p» ou

«⊢ acredito que p» contém a proposição «p», mas não «⊢ p».
(Pois, se oiço alguém dizer: «está a chover» não sei o que ele disse se não souber se ouvi o *início* da frase.) (¹)

685. A contradição impede-me de chegar a agir no jogo de linguagem.

686. Mas supõe que o jogo de linguagem consistia em eu ser continuamente impelido de uma decisão para a contrária!

687. A contradição deve olhar-se não como uma catástrofe, mas como uma parede indicando que não podemos continuar por ali.

688. Gostaria de perguntar, não «que temos de fazer para evitar uma contradição?», mas «que devemos fazer se chegarmos a uma contradição?»

689. Por que é de recear mais uma contradição do que uma tautologia?

690. O nosso mote poderia ser: «não nos deixemos enfeitiçar!»

691. (²) «O mentiroso de Creta». Ele poderia ter escrito «esta proposição é falsa» em vez de «Estou a mentir». A resposta seria: «muito bem, mas a que proposição te referes?» — «Bem, a *esta* proposição.» — «Eu compreendo, mas qual é a proposição mencionada *nela?*» — «*Esta.*» — «Bom, e a que proposição *se* refere?», etc. Deste modo, ele seria incapaz de explicar o que quer dizer, até passar para uma proposição completa. — Podemos também dizer: o erro fundamental está em pensarmos que uma frase, por exemplo «Esta proposição» pode, por assim dizer, aludir ao seu objecto (apontá-lo à distância), sem ter de o representar.

(¹) Ver *Philosophische Untersuchungen,* § 22. Eds.
(²) Ver *Philosophische Untersuchungen,* § 22. Eds.

692. Levantemos a questão: que fim prático serviu a Teoria dos Tipos de Russell? — Russell faz-nos perceber que temos por vezes de pôr restrições na expressão da generalidade, de forma a evitar inferência de consequências indesejáveis sejam.

693. O raciocínio que conduz a um retrocesso infinito deve abandonar-se não 'porque desde modo nunca alcançaremos o objectivo', mas porque não existe aqui nenhum objectivo; assim não faz sentido dizer «nunca o poderemos alcançar».

Pensamos facilmente que temos de percorrer alguns passos de retrocesso e, por assim dizer, renunciar a ele com desespero. Ao passo que a sua desorientação (a falta de um objectivo no cálculo) pode ser derivada da posição inicial.

694. Uma variante da prova diagonal de Cantor: suponhamos que $N = F(k, n)$ é a forma de uma lei para o desenvolvimento das fracções decimais. N é a n^a posição decimal do desenvolvimento k^a. A lei da diagonal é então: $N = F(n, n) = $ + Def. $F'(n)$.

A provar: que $F'(n)$ não pode ser uma das regras $F'(k, n)$. Suponhamos que é a 100.ª Então, a regra para a construção
de $F'(1)$ é $F(1, 1)$
de $F'(2)$ $F(2, 2)$ etc.
mas a regra para a construção da 100.ª posição de $F'(n)$ torna-se $F(100, 100)$, isto é, apenas mostra que o 100.º lugar deve ser igual a si mesmo e, portanto, para $n = 100$ *não é* uma regra.

A regra do jogo diz «Faz o mesmo que...» — e no caso especial torna-se «Faz o mesmo que aquilo que fazes!»

695. A *compreensão* de uma questão matemática. Como sabemos se compreendemos uma questão matemática?

Uma questão — pode dizer-se — é uma missão. E compreender uma missão significa: saber o que se tem de fazer. Naturalmente, uma missão pode ser bastante vaga — por exemplo, se digo «Traz-lhe alguma coisa que lhe faça bem!» Mas isto pode querer dizer: pensa nele, sobre o seu estado etc., de uma forma amigável e traz-lhe então alguma coisa que corresponda ao teu sentimento para com ele.

696. Uma questão matemática é um desafio. E poderíamos dizer: faz sentido se nos estimular para uma actividade matemática.

697. Poderíamos então dizer que uma questão em matemática faz sentido se estimular a imaginação matemática.

698. Traduzir de uma língua para outra é um exercício matemático, e a tradução de um poema lírico, por exemplo, para uma língua estrangeira, é análoga a um *problema* matemático. Porque se pode formular o problema «como se deve traduzir (isto é, substituir) esta piada (por exemplo) para uma piada na outra língua?» e este problema pode ser resolvido; mas não houve um método sistemático de o resolver.

699. Imagina seres humanos que calculem com algarismos 'extremamente complicados'. Estes apresentam-se como números que surgem se escrevermos os nossos algarismos uns em cima dos outros. Escrevem, por exemplo, π à quinta assim:

. Se os observares, acharás difícil adivinhar *o que*

estão a fazer. E talvez eles próprios não o consigam explicar. Porque este algarismo, escrito numa notação algo diferente, pode alterar a sua aparência ao ponto de se tornar irreconhecível para nós. E o que as pessoas estavam a fazer parecer--nos-ia puramente intuitivo.

700. Por que contamos? Deu provas de ser prático? Temos os conceitos que temos, os nossos conceitos psicológicos, por exemplo, porque deram provas de ser vantajosos? — E, no entanto, temos *certos* conceitos por esse motivo, introduzimo-los por esse motivo.

701. De qualquer modo, a diferença entre o que se chama proposições da matemática e proposições empíricas, surge se se reflectir se faz sentido dizer: «Desejava que 2 x 2 fossem 5!»

702. Se se considerar que 2 + 2 = 4 é uma prova da proposição «existem números pares», vê-se a forma vaga como a palavra «prova» é empregue aqui. A proposição «existem números pares» procede supostamente da equação 2 + 2 = 4! — E qual é a prova da existência dos números primos? — O método de redução a factores primos. Mas neste método *nada se diz,* nem mesmo sobre «números primos».

703. «Para compreender a aritmética nas escolas primárias, as crianças teriam de ser filósofos importantes; na falta do que necessitam do exercício.»

704. Russell e Frege conhecem os conceitos como, por assim dizer, propriedade das coisas. Mas é muito pouco natural conceber as palavras homem, árvore, tratado, círculo, como propriedades de um substrato.

705. A concepção de uma função de Dirichlet é apenas possível quando não procura expressar uma regra infinita através de uma lista, porque não existe uma lista infinita.

706. Os números não são fundamentais para a matemática.

707. O conceito da 'ordem' dos números racionais, por exemplo, e da impossibilidade de ordenar desse modo os números irracionais. Compara isto com o que se chama uma 'ordenação' de dígitos. Do mesmo modo, a diferença entre a 'coordenação' de um dígito (ou noz) com outro, e a 'coordenação' da totalidade dos números com os números pares; etc. Distorção de conceitos em toda a parte.

708. Existe obviamente um método para fazer uma régua direita. Este método implica um ideal, quero dizer, um proces-

so de aproximação de *possibilidade* ilimitada, porque este mesmo processo é o ideal.

Ou antes: só se houver um processo de aproximação de possibilidade ilimitada é que a geometria deste processo pode (não tem de) ser euclidiana (¹).

709. Considerar o cálculo como um ornamento é também formalismo, mas de um bom tipo.

710. Um cálculo pode considerar-se como um ornamento. Uma figura num plano pode ajustar-se a outra ou não, pode ser considerada com as outras de variados modos. Se, além disso, a figura for colorida, há um novo ajustamento de acordo com a cor. (A cor é apenas outra dimensão.)

711. Há uma maneira de olhar para máquinas e instalações eléctricas (dínamos, estações de rádio, etc., etc.) que vê estes objectos como combinações de cobre, ferro, borracha etc., no espaço, sem qualquer compreensão preliminar. E esta maneira de olhar poderia conduzir a alguns resultados interessantes. É analogo a olhar para uma proposição matemática como um ornamento. — É decerto uma concepção absolutamente rigorosa e correcta; e o que é característico e difícil nela é que olha para um objecto sem qualquer ideia preconcebida (por assim dizer, de um ponto de vista marciano) ou talvez mais correctamente: perturba a ideia preconcebida normal (atravessa-a).

712. (O estilo das minhas frases é influenciado por Frege de forma extraordinariamente forte. E, se quisesse, podia estabelecer esta influência onde, à primeira vista, ninguém a veria.)

713. «Põe isso *aqui*» — indicando o local com um dedo — isto é dar uma posição espacial *absoluta*. E se alguém diz que o espaço é absoluto, poderia aduzir isto como um argu-

---

(¹) Ver *Philosophische Bemerkungen,* § 178. Eds.

mento: «existe um *local: aqui*». [*Nota à margem:* ((pertence talvez aos primeiros jogos de linguagem.))]

714. Poderia imaginar-se uma doença mental em que só se pudesse empregar e compreender um nome na presença do portador.

715. Poderia fazer-se um uso de sinais de tal forma que os mesmos se tornassem inúteis (fossem talvez abolidos) assim que o portador cessasse de existir. Neste jogo de linguagem, o nome tem o objecto preso, por assim dizer; e se o objecto cessar de existir, o nome, que realizou o seu trabalho em conjunção com o objecto, pode deitar-se fora. (A palavra 'handle' para um nome próprio.)

716. Como é com estas duas frases: «esta folha é vermelha» e «esta folha é da cor a que chamamos 'vermelho' em alemão»? Dizem ambas *o mesmo?*
Não dependerá isso do que é o critério para uma cor se denominar 'vermelho' em alemão?

717. «Não podes ouvir Deus a falar com outrem, só o podes ouvir se fores tu a pessoa a quem a palavra é dirigida.» — Isto é uma observação gramatical.